教師のいらない授業のなやみ方

若松俊介 著

明治図書

はじめに

『教師のいらない授業のなやみ方』を手に取っていただき、ありがとうございます。本書は「子どもたちが自ら学ぶ授業をどうつくるか」を軸に、教師として悩みながら模索することの意義について考えた一冊です。悩むこと自体に価値があるのではないか。そんな視点を読者の皆さんと共有できればと思っています。

思い返せば、前著『教師のいらない授業のつくり方』（２０２０）を出したのは、コロナ禍の中でした。突然の変化により、子どもたちが自ら学ぶ姿が見えにくくなり、戸惑いや悩みを抱えた先生も多かったのではないでしょうか。そうした経験を経て、今、多くの先生が「教える」における「子どもたちが主体的に学ぶ場を整える」ことの重要さに気づき始めているように感じます。

「教師のいらない授業づくり」

という言葉は、一見とても魅力的に響きますが、実際には簡単なことではありません。発問を工夫したからといって、すぐに子どもたちが主体的になるわけでもなく、方法さえ知っていれば「教師のいらない授業」が成立するわけでもありません。むしろ、教師が子どもたちの小さな変化や成長を丁寧に見取りながら、悩みつつ支え続ける姿勢こそが、「教師のいらない授業づくり」につながると感じています。

本書では、こうした「悩む」ことにこそ価値を見出しています。教師として日々感じる悩みや迷い、それが解決されることが目的ではありません。むしろ、その悩みが教師自身の成長につながり、子どもたちの学びの場をより深める力になると信じています。この本を通じて、皆さんが「悩むこと」に前向きに向き合い、共に歩む勇気を持っていただければと願っています。

悩むことは苦しい時もありますが、それこそが教育の原動力です。どうぞ、本書を通じて子どもたちの視点に立ち返り、共に悩み、探究し、より良い授業づくりを目指していければ幸いです。

2025年1月

若松　俊介

もくじ

第3章

授業づくり――「『問い』を生かす」がむずかしい

第4章

協働――「話し合う・聴き合う・学び合う」がむずかしい

第７章

実践で追う　教師のいらない授業のなやみ方

悩み 01

「子どもに任せる」を間違えると……

子ども主体なのは大切だと思う一方で、「子どもがイキイキしていればなんでもいい」ではない気もします。「教師のいらない」とは改めて、どういう状態のことを意味するのでしょうか？

ADVICE

「子どもたちが教師に依存した授業」からの脱却ができるようにします。決して「教えてはいけない」「教師なんていらない」ではありません。子どもたちが自分（たち）の学びをつくっていく姿を支えます。

「教師のいらない授業のつくり方」というタイトル

『教師のいらない授業のつくり方』というタイトルに、多くの先生が注目したのはなぜでしょうか。それは、「教師のいらない」という部分が刺激的だからでしょう。この言葉だけに注目すると、「教師なんていらない」と捉えてしまっても仕方ありません。いろいろと物議を醸しそうなタイトルです。しかし、『教師のいらない授業のつくり方』の中では、「教師のいらない」について次のように述べています。

教師が必要だとされていることを、子どもたちが自分たちでできるようになれば素敵だと思いませんか。そうなると、子どもたちの学習のサイクルはどんどん早く回っていきます。なぜなら、子どもたちが考えたり学んだりしている時間が多くなるからです。「教師がいないと成り立たない」状態だと、教師がいない時間には何もできません。しかし、自分たちでできることが増えていくと、教師がいなくてもずっと学び続けていくことができます。魅力的な授業をしてくれる先生を求めることもなくなります。

本書が発売されたのは、コロナ禍で学校が完全休校になった時期です。その際、「教師がいなければ学べない」子どもたちの姿に、多くの先生が愕然とし、教師のあり方や指導、支援の方法を見つめ直したと考えられます。そのため、「教師のいらない」というタイトルに興味を持ってくださった方が多かったのではないでしょうか。

実際、「教師がいなければ、子どもたちは学べない」という状況は、問題と言えるでしょう。もちろん、「教師がいることで学びが深まる」のは事実であり、それが学校が存在する意義の一つでもあります。しかし、子どもたちが「教師がいなければ学べない」「教師がいないと何もできない」という状態になってしまうのは、本来あるべき姿ではありません。私たちも子どもたちの成長に関わる中で、そのような依存を生むことは望んでいないはずです。

このような状況下で、『教師のいらない授業のつくり方』というタイトルに興味を持つと、文字通り「教師のいらない授業」を目指してしまう可能性があります。「教師が教えてはいけない」「教師は見守ることに徹しなければならない」という考えに固執してしまう気持ちは理解できますが、それだけではうまくいかないでしょう。

最近よく耳にする「子ども主体の授業」についても同様です。「子ども主体の授業が大切だ」と聞くと、**その「結果」としての理想的な状態**を追い求めてしまいがちです。

・子どもたちが自分たちで何かしら学んでいる
・グループやペアの活動が十分生き生きとしている
・子どもたちが「問い」を持って学んでいる

もちろん、こうした子どもたちの姿はとても大切ですが、いきなり「結果」だけを追いかけても、うまくいきません。そこに至るまでの**「過程」**があり、その地道な「過程」をしっかりと共に歩んでいくことが重要なのです。

実際、私自身もそのような「結果」だけを目指しているわけではありません。「子どもたちにとってより良い学びとはどういうものなのか」「そのために教師ができることは何なのか」と、絶えず問い続けています。こうした「問い」に対する自分なりの「答え」を模索する中で、「教師の出場を減らす」ことや、「子どもたちが主体的に学びをつくる姿を支える」ことに注目するようになりました。

子どもが「生き生き」している状態

質問に「『子どもがイキイキしていればなんでもいい』ではない」とありましたが、私は**子どもが生き生きとしていることは非常に重要**だと考えます。子どもが生き生きしていない状態で、深く学んでいる姿を見ることは稀でしょう。まずは、子どもが生き生きと活動している状態をつくり出すことが大切なのではないでしょうか。その言葉は「熱中」でも「没頭」でも何でも構いません。自分なりに大事にしたい言葉を見つけた上で、その言葉を実現する学びの姿をどのようにつくることができるのかを、改めて考えていくとよいでしょう。

「教師のいらない授業」や「子ども主体の授業」を考える際、ついつい「任せればよい」「任せたらいいんでしょう」という安易な考えに陥りがちですが、そうならないように注意することが必要です。「教師は教えてはならない」わけではなく、むしろ子どもたちと一緒になって、学びをつくっていくことが大切です。

そのためには、「教師のいらない授業」というタイトルをもとにして、教師がこれまで行ってきたことについて、改めて見つめ直すことが重要です。これまで「当たり前」だと思っていたことに目を向け直すことで、教師としての自分のあるべき姿を見つけていくことができるでしょう。

・黒板（ホワイトボード）に考えが整理されていたら、本当に子どもたちは学んでいる？
・教師がいつも「発問」をしなければならないの？

……と、疑うべき「教師の当たり前」は、たくさんあるはずです。こうしたことを読者の皆さん自身がしっかりと見つけていくことが大切です。それを探そうともせず、単に「○○先生が言っているから、この『当たり前』はおかしい」と鵜呑みにしてしまっては、もったいないことです。

まずは、「子どもたちの学びをどのように支えていけるか」「より良い学びとはどういうものか」ということを問い続ける中で、「教師のいらない授業」というものが具体的に見えてくるはずです。その過程を楽しみながら、探究を続けていきましょう。

悩み 02

教師が出るタイミングとは？

子どもがうまくいかなかった時に、教師がどこまで介入してよいか、判断が難しいです。「ここは出よう」というタイミングを、どう見極めればよいでしょうか？

ADVICE

「介入してはいけない」と思って何もしないよりも、まずは「思ったら出る」ことを大切にしてください。「出過ぎたな」と思ったら、次はその出方を少し抑えてみるといいでしょう。その繰り返しで見極め力がつきます。

教師の指導や支援のタイミング

子どもたちが自分たちで学びを進められるように指導や支援を行っていると、やはり「うまくいかない」ことも出てくるでしょう。子どもたちが学ぶ姿を見ながら、

「もっと、子どもたちが、様々な『問い』を持って学べるようになってほしい」
「もっと、子どもたちが自分たちで気づけることを増やしていきたい」

と悩むことも多いと思います。

子どもたち一人ひとりの「その子なりの学び」を大切にした上で、「より良い学びを支えたい」と願うからこそ、どのタイミングで直接的な指導や支援を行えばよいのかを悩むのでしょう。これはとても良い悩みです。ただ、こうした悩みには「正解」がないからこそ、苦しんでいる先生も多いのではないでしょうか。

もし、授業中や授業後に子どもたちの学びをもとにふり返った時に、「やっぱりあの時

にきちんと直接的に指導や支援をすべきだった」と感じることがあるならば、それは大切な気づきです。教師として、「できる（できた）こと」を見つけようとする姿勢があることで、さらにより良い指導や支援ができるようになります。

しかし、「子どもに任せることが正義だ」と考えすぎて、子どもたちの学びを十分に見取ろうとせず、「これでいいんだ」と思い込んでしまっていては、永遠に「良いタイミング」は見つけられません。「任せる」ことが目的になってしまうと、「目の前の子どもたちの学び」について注目できなくなってしまう恐れがあります。

まずは、教師が直接的に指導や支援を行うタイミングや目的を、自分の中でしっかりと考えておくことが大切です。次のように、**自分なりに箇条書き**にしておくと、安心して直接的に指導や支援ができるはずです。

・子どもたちだけでは気づけない視点に出会えるようにするため
・時間をかけられない場面でしっかりと教師が指導や支援を行うことで、その後の学びが深まる
・もしこのまま教師が何も伝えなければ、子どもたちが路頭に迷うような場面では、適

切な場づくりをすることで、子どもたちが安心して学べるようにする

私は、若手の頃から、研究会で実践記録を文字起こしして、それをもとにふり返ることを繰り返してきました。その経験が、現在の自分の教師としての在り方につながっています。実践記録をつくってふり返ると、子どもたちの学びや願いとずれている自分（指導や支援、場づくり等）に出会うことが多かったです。その際、研究会の先生にもアドバイスをいただきながら、

「ここは、子どもたちの考えを一旦整理すべきだった」
「ここは子どもたちが互いの考えを比べられるようにすると、より『大事なところ』に注目するきっかけをつくることができたかもしれない」

……と、少しずつ適切な指導や支援のタイミングの勘所を見つけてきました。**「いいタイミングを迷って出ない」のではなく、「迷ったら出る」**を大切にするようになりました。

次に紹介するのは、教師三年目の私のふり返りを抜粋したものです。

・子どもの読みの世界にどれだけ自然に入っていけるか
・教師の教材解釈をもとにした「こう読んでほしい」という思いと、子どもの読みの世界とのせめぎ合い
・教師が出過ぎても子どもに任せすぎてもいけないのだろう
・「子どもたちがその作品をどう受け止め、何を感じるか」を考えながら教材と向き合うことによって、話し合いで教師がどのように出ていけばいいのか見えてくる

やはり、**目の前の「子どもたち」「その子」のことをきちんと理解しようとすること**が大切です。そうすることで、その子や子どもたちにとって必要な指導や支援のタイミングを見つけることができます。これまでの教師経験の中で、「完璧な指導や支援だった」「このタイミングでよかった」と思ったことは一度もありません。「もっとより良い指導や支援があったのではないか」とふり返ることばかりです。おそらく、これからもずっと悩み続けることでしょう。

「見守る」ことの大切さ

子どもたちが互いに関わり合いながら、あれこれ言いながら学び合っている姿を見るのは、とてもおもしろいですよね。そんな姿を見ていると、「もっと子どもたちだけでできることがあるのではないか」「このような学びを阻害してはいられない」と思わされます。

だからこそ、直接的に指導や支援を行うタイミングに迷うこともあります。基本的には、「迷ったら出る」ことを大切にした方がよいですが、時には、「見守っているだけ」でもよいのではないでしょうか。常に教師のコントロールの枠内に子どもたちの学びを収める必要はありません。**散々悩んだ挙げ句、「見守る」ことを選んだのであれば、それは「放任」にはならない**でしょう。そこでの子どもたちの姿をじっくり見ていると、「子どもたちの学び」に対する見方が変わってくるかもしれません。

私たちが目指しているのは、「子どもたちの学びをより良くすること」です。そのためにできることを模索しつつ、「子どもたちの学びを阻害していないか」という視点も持ちながら、教師としての自分のあり方や指導、支援を磨いていきたいものです。

悩み 03

集団としてのまとまりをどう保障する？

子どもに完全に主導権を渡してしまうと、先生と子どもの関係性が危うくなります。子どもが子どもらしく自分ごとにしながら、集団としてのまとまりも保障するために、区別や折り合いをつけていることはありますか？

ADVICE

「集団としてのまとまり」を意識しすぎない方がいいでしょう。それよりも子どもたち一人ひとりを見ようとします。主導権の奪い合いをするのではなく「共に進む」「共に学ぶ」ことを大事にしたいものです。

「集団としてのまとまり」とは

多くの先生がこうしたところで悩まれているのだろうと思います。**「子どもたちに任せて、自由にさせた結果、授業や学級（集団）がまとまらなくなったらどうしよう」**と感じている先生も多いでしょう。これまで、子どもたちをコントロールすることで学級経営や授業を進めてきた中堅やベテランの先生にとっては、その「コントロール」を手放すことに対する不安が大きいかもしれません。

また、若手の先生の中には、実際に子どもたちに委ね過ぎて授業や学級がうまくまとまらなかった経験がある方もいらっしゃるかもしれません。そのため、

「教師が主導権を握らないと、子どもたちとの関係性や学級全体がうまくいかなくなる」

と感じられるのは理解できます。しかし、そのように考えて子どもたちと接していると、結果的に**「支配する側」と「支配される側」という関係性**ができてしまいます。そうなる

と、「支配される側」は、どんどん受け身になってしまいます。

子どもたちも学年が上がるにつれて、「主導権を握りたい」と感じるようになるでしょう。そこで教師と子どもたちの間で力勝負を繰り広げたくはありません。主導権争いをしていると、どちらも疲弊してしまいます。それよりも、**教師も子どもたちもどちらもが主体となるような教室**を目指していくことが大切です。

その上で、改めて質問に書かれているような「『集団としてのまとまり』の必要性」について、考えることが重要です。この「まとまり」に関しては、例えば、多くの人が共に過ごす「学級」において、「みんな同じ」「みんな一緒」が心地よいと感じる子もいるかもしれません。一方で、そのことに違和感を覚える子もいるでしょう。同調圧力の中で苦しんでいる子がいるかもしれません。たとえ大半の子が違和感を覚えることなく過ごせていたとしても、そのように苦しむ子が少しでもいるのであれば、集団としてのあり方を改めて見直す必要があります。

教師の主体性と指導や支援の在り方

「教師のいらない」「子ども主体」は、決して「子どもたちにすべてを任せる」という意味ではありません。また、「何でも好きにしていいよ」というわけでもありません。子どもたちがより良く学び、より良く生活し、気持ちよく過ごせるようにするためには、教師としてやらねばならないこともあります。そのためには、教師も自身の主体性を十分に発揮する必要があるでしょう。

例えば、学習規律についても、まずは**「教師が子どもたちと一緒に考えられるようにする」**ことが大切です。放っておいても勝手に学習規律ができる場合もありますが、大半はそうではありません。子どもたちの様子を見て、必要な時にはしっかりと指導や支援することが大切です。

【子どもたちと共に「学習規律」をつくる流れ】

① 共に学習を行う上で「大事にしたいこと」を子どもたちと考える
② ①をもとに子どもたちと共に学習を行う
③ 気になることが出てくれば、その都度子どもたちと共に考えて解決に向かう
④「大事にしたいこと」と「共に学ぶことのよさ」をつなげて考えられるようにする

私自身、質問にあるような「まとまりを保障する」ことはあまり考えていません。それよりも、子どもたち一人ひとりが「きちんと学べる環境」や「より良く学び、自己を広げていける環境」を、どのようにして子どもたちと共につくることができるかを考えています。そのために、子どもたちの**「自律性と協働性」**を育てることを目指しています。拙著『子どもが育つ学級をつくる「仕掛け」の技術』（学陽書房、２０２１）では、次のように書いています。

自律性と協働性を育てることは、子どもたちが「自分たちの過ごす学級をよりよくしていこう」とする力を育てることにもつながります。答申にある「豊かな人生を切り拓き、持続可能な社会の創り手となることができるよう」とも重なります。

学級づくりで目指すべきは、「集団としてのまとまりをどうするか」ではなく、その先にある**「子どもたち一人ひとりが自分（たち）で自分（たち）の毎日をつくり、幸せを築いていく力を育てる」**ことです。そのような学級づくりを行うことで、子どもたちはより良く過ごしたり、学んだりすることができるでしょう。また、そこで学んだことや得た力は、次の学級や社会に出ても生かされるに違いありません。

私は「しない」ことに重点を置いていると思われがちですが、そんなことはありません。どのような状況でも、きちんと指導や支援は行います。常に「子どもたちにとって、どちらがより成長につながるのか」「子どもたちの将来にどう結びつくのか」を考えて、**「直接的な指導や支援」**と**「間接的な指導や支援」**を使い分けています。そのちょうどよいバランスを模索し続けています。

質問にある「子どもが子どもらしく」という部分は本当に大切にしたいところです。「子どもらしい」とは、「小さくて子どもらしい（かわいらしい）」という意味ではなく、「その人がその人らしくある」ことを指していると思います。子どもたち全員が互いの「自分らしさ」や「その人らしさ」を大切にしながら共に過ごすことで、より良く学べる関係性や環境を築いていくことができるでしょう。

こうした関係性や環境を大切にしていれば、強引に理解させたり、コントロールしたりする気持ちは自然と薄れていくでしょう。その一方で、甘やかしたり、「何でもいい」としたりするわけでもなくなると思います。どのようなバランスが最適かは、この本を読んでいる先生自身が、目の前の子どもたちと共に見つけていかれるのではないでしょうか。

悩み 04

「自分ごとにする」とは言うけれど……

「自分ごとにする」という言葉は理解できても、実行するには教師の力量が求められると感じます。一つひとつの手立て以前に、「細かい当たり前」としてやっていること、認識した方がいいことはありますか？

ADVICE

「教師が問いかける」→「子どもたちが考える、判断する」という流れを大事にしています。子どもたちが自分（たち）なりに考える機会をつくることから「自分ごと」が生まれ始めるでしょう。

「自分ごと」の学びを実現するために

「自分ごと」にしていくことは、子どもたちが自分たちの学びをつくっていけるようにするために大切です。ただ、子どもたちの意識が「他人ごと」になっているものを「自分ごと」に変えるのは非常に難しいことです。質問に書かれているように、実行する際に「教師の力量が求められる」と感じられていることが何よりも大切です。

まずは、**『何かをすれば、急に子どもたちの意識が自分ごとになる』ということはありえない**ということを心得ておきましょう。「できる」と思っていると、できないことに対して「どうしよう」「これはダメだ」とマイナス方向に悩んでしまいます。しかし、もともと「そんなに簡単にできるものではない」とわかっていれば、少しずつでもできるようになるために、自分にできることを見つけて積み重ねていこうと、プラスの悩み方ができます。それは良い悩み方です。

私自身は、絶えず次のような「問い」を抱えています。

「どうすれば、子どもたち（この子）が『やろう』『学ぼう』と思えるのだろうか」

この「問い」に対する答えは、どこかにあるわけではありません。その子自身をしっかり見取る必要があります。その上で、**「なぜ自分ごとになっていないのか」と、その状況や理由をきちんと分析することで、その子の意識が「自分ごと」になる過程について考えることができます。**

「自分ごと」になっていない理由を見つめる

いきなり「自分ごとにする指導や支援」を考えるよりも、「どうして他人ごとになっているのか」を見つめて、それら一つひとつを解決していく方がよいでしょう。「自分ごと」にならない理由として、例えば次のようなものが挙げられます。

- 自分には関係ない
- 学習内容が全然わからない

・先生の話している意味がわからない
・結局、先生に言われたことをやらないといけない
・塾の勉強の方が大事だと思っている
・言われたことをやっている方が楽

ここから、それぞれに応じた指導や支援の方法を考えます。どの状況にも共通して言えるのは、**子どもたちが自分なりに考えたり行動したりして「おもしろかった」「自分にとって意味があった」という経験ができるようにすることが必要だ**ということです。

・自分なりに試行錯誤すると、いろんな発見が生まれておもしろい
・自分なりに考えたことを実際に取り組んでみたら、少し自分が変わった

といった経験が、また次の「自分なりに行動する」を生むはずです。いきなり先生の望むような、きれいな「自分ごと」の姿にはならないかもしれません。しかし、少しずつでも自分なりに試行錯誤できているなら、そのような姿をきちんと見つけて支えていきたいも

のです。

どれだけ考えて指導や支援をしたとしても、絶えず子どもたちと教師の間でずれが生じることはあります。そのずれを少しずつ調整していくしかありません。「子どもたちに任せたら、自分ごとになる」なんてことはありえません。

もちろん、はじめから自分なりに考えて行動できる子もいるかもしれません。しかし、多くの子は放っておかれるとそのまま「何もしない」「できない」ことが増えていく場合が多いのです。こうした状況に対して、「自分で責任を取らせないと、子どもたちにとって自分ごとにはならない」という理由で、見守り続けたり、任せたりしても、子どもたちが自然に変わるわけではありません。永遠に「何もしない」ままで、ずっと「適当なまま」でいることだってありえます。**それを見て見ぬ振りするのは、プロの仕事ではありません。無責任です。**

私はよく**「問いかける」**ことを大事にしています。問いかけることで、子どもたちがその物事について自分なりに向き合おうとする過程が生まれるからです。もちろん、その過程で「やりたくない」「やらない」という判断が出ることもあるでしょう。それで構いません。大切なのは、子どもたちが「先生に言われたからやる」のではなく、自分自身のこととして物事に向き合い、「自分ごと」として捉えられるようになることです。

自分なりにいろんな選択ができる機会があることで、子どもたちも

「自分にとって必要かな？」

「これをやってみようかな？」


と考えることができます。その考える機会、過程をつくっていきたいものです。

質問にある「細かい当たり前」として私がしていることは、**絶えずその子や子どもたちの状況に応じて、細かく関わる**（**指導や支援をする**）ことです。考えるきっかけや土台をつくるために問いかけたり、説明したり、モチベーションを高めたりすること、さらにできていることを見つけたり、次につながるように広げたり、子どもたち同士をつなげたりすることを意識しています。その際**関わりの中心が常に「私（教師）」ではなく「子どもたち同士」**であるようにしていくことを心がけています。

悩み 05

「学級生活を自分ごとにする」までの過程とは？

「掃除をする」「ルールを守る」などの学級生活を、子どもたちにとって「自分ごと」にするためには、どんなことをすればよいでしょうか？

ADVICE

子どもたちに問いかけて、その目的や意図を一緒に考えられるようにします。その上で、「掃除をする」「ルールを守る」等は自分たちにとって必要なものだと考えられるようにしたいものです。

学級での活動を「自分ごと」にする問いかけ

悩み04でも書きましたが、私は「問いかける」ことを大切にしています。ただし、無闇やたらに「問いかければよい」というわけではありません。まずは、**学級で行われる一つひとつの活動の目的について、子どもたち自身が考えられる**ように問いかけます。

例えば、子どもたちが当番活動として掃除をするのであれば、その目的についても考えられるようにします。それは一年生であっても、どの学年であっても同じです。もし、子どもたちに「何となく」掃除をさせていると、サボる子が出てきたり、一部の子だけが頑張るという状況が生まれたりしてしまいます。また、掃除が「先生にやらされているから」「先生が決めた時間だから」という理由で行われると、「したくない子はしない」という事態につながりかねません。教師がどれだけ掃除の必要性を熱弁したとしても、それだけでは子どもたちの心に響かず、行動にもつながらないのです。

だからこそ、**子どもたちに問いかけて、掃除の目的を共に見つけられるようにします**。その「問いかけ」はいろんなものが思い浮かぶでしょう。

①「最近、掃除はどう？」
②「正直、掃除が面倒くさいと思う人？」
③「掃除って何のためにするのかな？」
④「掃除の時間をより良い時間にするためにはどうすればいいだろう？」

①の問いかけで、最近の自分たちの掃除についてふり返った後、②の問いかけをすると、何人かの子が「面倒くさい」と手を挙げるかもしれません。その際には、**「どんなところが面倒くさい？」**とさらに問いかけ、その「面倒くささ」についても聞いてみます。

いきなり③の問いかけをもとに、「掃除の目的」を話し合うだけでは、うまくいかない場合があります。まずは「掃除が面倒くさい」という気持ちや、これまでうまくいかなかったことを共有することで、「きちんと掃除をしましょう」という単純な話に終わらせないようにします。その上で、③の問いかけをもとに、掃除の目的を一緒に考えられるようにします。子どもたちは、教師が伝えたかったことを超えるような意見も出すでしょう。

この際、**特定の子だけに意見を求めるのではなく、様々な子どもたちの意見を聞けるようにします**。これまで掃除をサボっていた（ように見える）子にも意見を聞いてみるとよいでしょう。大切なのは、子どもたち一人ひとりが自分なりに掃除の意味や目的を持てるようにすることです。そうすることで、少しずつ「掃除の時間をより良いものにしよう」という意識が芽生えます。

ルールを「自分ごと」にする問いかけ

「ルールを守る」ことに関しても同じことが言えます。子どもたちと一緒にルールの目的や必要性について考えられるようにしましょう。「先生がルールをつくる」「子どもたちがルールを守る」という一方的な関係性だけでは、「守らなくてもいい」という気持ちになってしまう子が出てくるかもしれません。

例えば、タブレット端末の利用に関するルールについて考えてみましょう。もちろん、学校が大枠のルールを決め、危険なことに関しては適切な制限（フィルターなど）を設ける必要があります。しかし、それ以外の不必要なルールや制限は減らすべきです。何でも先にルールをつくりすぎるのではなく、**困ったことがあれば子どもたちと一緒にルールを考えられるようにします。**

一例として、**「タブレットの壁紙を変えてもよいかどうか」**について考えます。学校として本当に変えてはいけない明確な理由があれば、そのままにすべきです。しかし、特に理由がないのであれば、変えてもよいでしょう。子どもたちが「なぜ変えてはいけないのか？」と疑問を持ち、意見を言い出せる環境をつくり、その上でどうすべきかを一緒に考えられるようにします。その中で、子どもたちから次のような考えが出てくるでしょう。

「壁紙を変えると集中できない子が出る」
「壁紙を変えられるようにすると、他の設定まで変えてしまう」
「壁紙を変えるくらいで『集中できない』にはならない」

そこから、さらに子どもたちと一緒に考えていると、

「学習に集中するためには何が大事なのか？」
「『壁紙を変えていいか』を考えるよりも、もっと大事にすることがあるのでは？」

といった「問い」も生まれるかもしれません。最終的に「壁紙を変えることに、こだわらない」という結論になる場合もありますが、それは子どもたち自身が決めたことです。

このように、**先生が一方的にルールを与えるのではなく、子どもたちと一緒に決めること**が大切です。「先生がルールを押し付け、子どもたちにそれを守らせる」だけでは、子どもたちは「他人ごと」として受け身になってしまいます。

もちろん、子どもたちが考えたことがすべてうまくいくとは限りません。むしろ、うまくいかないことがあるのは当然です。しかし、**自分たちで考え、決めたことだからこそ、うまくいかないことや問題に直面した時にも「次はどうすればよいか」を主体的に考え、改善していくことができる**でしょう。

試行錯誤を通してこそ、子どもたちは深く学び、成長することができます。教師として、そんな子どもたちの挑戦を支え、励まし、時には新たな視点を示しながら、共に歩むことが大切です。そのような関わりを通じて、子どもたちはルールを主体的に捉え、より良い社会を築くために必要なことを学んでいくでしょう。完璧を求めるのではなく、粘り強く子どもたちの成長を信じ、共に学び続ける教師でありたいものです。

悩み 06

「学習を自分ごとにする」までの過程とは？

学習を、子どもたちにとって「自分ごと」にするためには、どんなことをすればよいでしょうか？

ADVICE

学習の目的を子どもたち自身が持てるようにします。その中でも「問い」と「ふり返り」を大事にできるようにすることで、子どもたち自身が学ぶ目的を見つけていくことができるようになるでしょう。

学習を「自分ごと」にする問いかけ

悩み05では学級生活について書きましたが、今回は学習について考えてみましょう。学級を「自分ごと」にするのと、学習を「自分ごと」にするのとでは、どちらが難しいでしょうか。

様々な学校の先生の悩みを聞いていると、「学習を自分ごとにするのが難しい」と感じている方が多いようです。確かに、学習を自分ごとにすることは簡単ではありません。誰もが最初から「勉強が楽しい」「もっと考えたい」と思うわけではないからこそ、少しずつ「学ぶ楽しさ」を知ることができるようにしたいものです。

私が大切にしているのは、やはり**子どもたちの「問い」**です。「気になる」「どういうことだろう」「わからない」といった疑問をきっかけに、さらに「もう少し考えたい」「自分で調べてみたい」と深めていける「問い」を育むことを大切にしています。ただし、無理に「問い」をつくらせるわけではありません。「『問い』を大事にする」というのは、子どもたちが自分自身のペースで考え、学びを自分ごととして育てていく、その一歩をそっと支えることだと考えています。

『教師のいらない授業のつくり方』では、バナナを例に説明しましたが、実際にはどんなものでも構いません。学習とは関係のないものを使って、それに対して

・気になること
・考えてみたいこと

に目を向けられるようにします。ここで大切なのは、**「学びを生み出すのは自分自身だ」ということを、子どもたち自身が実感できるようにする**ことです。

先生が「おもしろい授業」をしてくれるのは、もちろん素晴らしいことです。でも、授業がつまらなかったとしても、「学ぶことはおもしろくない」と決めつけてしまうのはもったいない話です。**自分自身が「おもしろい人間」になれば、あらゆることをおもしろくしていくことができます。**自分の「問い」に目を向けられるようにすることで、子どもたちがこうしたことを少しでも意識できるようにしたいものです。

授業では、「物語を読む」「実験する」「調査する」など様々な学習場面があります。そ

れぞれの場面においても、子どもたちが自分の「気になること」「考えてみたいこと」に目を向けられるようにします。「気になること」をたくさん見つけられるように促すのもよいですが、決して無理強いする必要はありません。**何も思いつかない時は、それもまた自分自身と向き合う良い機会**です。最初はそれで十分です。

子どもたちのその気持ちを大切にしながら、一緒に学び、考えることを楽しんでいきたいものです。先生からの質問に答えるよりも、自分や周りの仲間が「もっと知りたい！」と思ったことを一緒に解決していく方が、子どもたちにとって「自分ごと」の学びになります。他の人の「問い」に触れる中で、「自分もこれが気になる」「おもしろそうだ」と感じることができれば、自分の「問い」をより大切にできるようになるでしょう。

教科によっては、「問い」が生まれやすいものと生まれにくいものがあるかもしれません。しかし、学級にはいろいろな子どもたちがいるからこそ、多様な「問い」が自然に表出される環境をつくることで、**すべての教科において子どもたち一人ひとりが「問い」を見つける必要はなくなります**。

今回は「問い」に注目しましたが、子どもたちが学習を「自分ごと」として感じられない理由は実に様々です。それら一つひとつの理由や背景に丁寧に向き合い、その子にとって「自分ごと」になる過程を見つけることが必要です。試行錯誤を重ねる中で、少しずつその子に合った指導や支援が見つかるでしょう。

ふり返る力を育む

「問い」を立てる力だけでなく、ふり返る力を育てることも大切です（第6章でも詳しく触れます）。子どもたちが学んだことをふり返ることで、さらに「気になる」「考えてみたい」が出てくるようになればいいなと考えています。教師が子どもたちの学びをすべて見取り、指導や支援を行うには限界があります。そこで子どもたち一人ひとりが「自分らしい学び、学び方」を見つけられるよう、**自分で自分の学びに注目できるようにすること**が必要です。最初は、

・わかったこと
・わからなかったこと
・他の人の考えで、「いいな」と思ったこと

・気になったこと
・もう少し考えたいこと

といった、子どもたちが視点を持ってふり返りやすい枠組みを用意して示すのもよいでしょう。

若手の頃は、全員にとって「自分ごと」になるような質問や発問、教材を選ぼうとしていましたが、それはとても難しいことだと感じています。もちろん、「全員にとって良いもの」にも価値がありますが、それよりも、一人ひとりにとってより良い指導や支援を考えていく方が大切でしょう。

「学習を自分ごとにするのは難しい」からこそ、その子が「自分ごと」と感じられない**理由や背景をしっかりと探る**ことが大切です。「〇〇をすれば興味を持つ」「△△をすれば自分ごとになる」という万能な解決策はありません。その子の世界を探り、見取り、一緒に考えていく過程を楽しんでいきましょう。そして、子どもたちが自分なりの「意味」や「価値」を見出した時、学びはその子にとってかけがえのないものになるはずです。

悩み 07

学級生活と学習をつなぐには？

係活動や当番活動といった生活場面での試行錯誤と、学習場面での試行錯誤は、具体的にどのようにつながっているのでしょうか？

ADVICE

「めあてを持つ」ことと「その子なりに仮説を立てて実行する」「ふり返って次の取り組みを考える」ことがつながっているでしょう。学級での生活と学習での姿を分けずに丸ごと受け止めて支えることが大事になります。

自律性や協働性を育む学習環境

「授業だけ」「学級での活動だけ」だけで、子どもたちの自律性や協働性を育むことは難しいでしょう。質問にある「具体的に何と何がどのようにつながるのか」という「問い」に対しては、読者の皆さん自身が「○○と△△がつながっているのではないか」と自ら考えることで、少しずつ答えを見つけていくことができます。研修であれば、皆さんと一緒に考える時間を持ちたいところですが、今回はそれが叶いません。

実際には、**「めあてを持つ」**ことと**「その子なりに仮説を立てて実行する」**という試行錯誤のサイクルが重要だと考えます。このサイクルを通じて、子どもたちはできることが増えたり、視野が広がったりすることを実感し、次の活動への意欲を高めることができます。これは、日常生活でも授業でも同じです。

学級での生活と同じように、学習の場面でも子どもたちが「なぜ学ぶのか」を理解できるように、子どもたちに問いかけながら一緒に学ぶ目的や意図を考えていきます。

例えば、

「今日の学習は何のためにするの？」

「物語や説明文を学ぶと、どんな良いことがあるの？」

「理科を勉強すると、私たちの生活はどう変わると思う？」


といった問いかけを通して、子どもたちが自分なりの考えを持てるようにします。「よくわからない」「面倒くさい」という正直な気持ちも受け止めつつ、「やらされ感」ではなく、**子どもたち自身が学習に向かう「根っこ」**を見つけられるように支えます。

その後の学習過程では、子どもたち一人ひとりが自分なりの方法で取り組めるようにします。そうすることで、

「〇〇すればうまくいくかも」

「△△を学んでみよう」

「■■を生かしながら学びを進めてみるといいかも」


……といった、それぞれの視点や学び方が生まれてくるでしょう。

すべてが教師の理想通りに進むとは限りません。むしろ、多様な学び方が出てくることが自然です。その「違い」こそが、学び合い、共に成長する機会をつくる原動力となります。「協働的な学び」の価値はまさにそこにあります。一人ひとりが違う道を歩んでいることを忘れずに、子どもたちの学びを見守り支えていきましょう。

子どもたちの試行錯誤をおもしろがる

「子どもたちに任せるのは怖い」
「子どもたちに任せても意味がない」

そんな声を耳にすることがあります。でも、それはもしかしたら、これまでに子どもたちが試行錯誤をする姿を見る機会が少なかったからかもしれません。実際に見守ってみると、子どもたちが自分なりに考え、工夫する姿はとてもおもしろく感じられるようになるでしょう。

「教師の願い」が強ければ強いほど、そのおもしろさを見逃してしまうこともあります。

つい直接的な指導や支援をしたくなるものですが、それでは子どもたちの「自分（たち）で考える力」を育む機会を奪ってしまうかもしれません。

この**試行錯誤をおもしろがること**ができれば、子どもたちはもっと自由に、もっと大きく成長していきます。逆に、おもしろがることができなければ、子どもたちの可能性を狭めてしまうでしょう。教師が「こうさせなければならない」「こう学ばなければならない」という固定観念を捨て、子どもたちの試行錯誤を応援することで、子どもたちは自分（たち）で学び、成長していくことができるのです。

大切なのは、子どもたちにただ「何かをやらせる」ことではありません。子どもたちが自ら学び、自分自身と身の回りの世界をより良くしていこうとする力を育むことです。そうすれば、教師がいなくても、自分たちでできることを増やしていけるようになります。

「すべての学びや生活は、自分から始まり、他者と共に生きることでより広がっていく」

ということを、子どもたち自身が実感できる機会をたくさんつくりたいものです。その「実感」が芽生えることで、さらに自分（たち）なりに試行錯誤することを大事にするようになるでしょう。

そして、**子どもたち一人ひとりのチャレンジを温かく見守り、受け止められる環境**をつくりたいものです。

「これをすれば先生が何か言うだろう」
「すぐにダメ出しされるのは嫌だな」
「うまくいかなかったら叱られるかもしれない」

といった不安があると、子どもたちは安心して試行錯誤することができません。試行錯誤を楽しむ気持ちを、子どもたちと共に大切にしていきたいものです。

教師は、勝手に「学級づくり」と「授業づくり」を分けて考えがちですが、**子どもたちにとっては分かれていません**。学級での生活と授業を丸ごと大きく捉えて、子どもたちの成長を支えられるようにしていきましょう。「学級での生活」での試行錯誤と、「授業」での試行錯誤は自然と重なってくるに違いありません。

悩み 08

「自分で考え、動く」ための言葉かけ

子どもたちが自分で考え、動けるようになるために、教師は具体的に子どもたちの何に着目して、どう言葉かけをすればよいのでしょうか？

ADVICE

もうすでに「自分で考え、動いている」姿を受け止めて、その行動がさらに増えるように支えていきます。子どもたち自身が「自分で考えて行動するよさ」を実感できるような声かけを意識しましょう。

「自分ごと」の学びを促す環境づくり

おそらく、子どもたちが「自分ごと」として主体的に学びに取り組む姿に関心を持っておられるのだと思います。「自分ごと」という言葉は辞書には載っていませんが、**子どもたちが当事者意識を持って、自ら考え、行動しながら学ぶこと**を表すキーワードと言えるでしょう。

学校での学びは、決められたことを、決められた方法で、決められた時間内にこなすことが求められる傾向があります。しかし、このような学びは、子どもたちの主体性を奪い、学ぶことの楽しさを実感する機会を失わせる可能性があります。子どもたちが「自分ごと」として学べない原因を深く探り、主体的な学びを促す環境を整えることが重要です。

例えば、教師がすべてを指定してしまう場合を考えてみましょう。

「これを考えましょう」
「これを守りなさい」

「この方法でやりましょう」

……といった指示ばかりでは、子どもたちは自分で考えることを諦めてしまいます。もちろん、教師が意図をもって、きちんと指示や指導を行うことは大切です。しかし、常に「方法」「行動」が決められていると、子どもたちが自分なりに工夫する意欲を失ってしまうのも無理はありません。だからこそ、自分なりの工夫や考えが生まれるような環境をつくることが重要になります。

すべてを子どもたちに委ねることが難しい場合でも、**どこか一つでも「自分なりに」を考える余地をつくる**ことで、子どもたちの主体性は育まれていきます。そんな環境を整えないまま「自分たちで考えて行動できていない」と決めつけるのは、子どもたちにとって不公平でしょう。例えば、

- 答えが一つではない「問い」を投げかける
- 複数の解決方法を提示し、子どもたちが選べるようにする
- 作品づくりにおいて、テーマや表現方法を自由に決められるようにする

…といった工夫をすることで、子どもたちは「自分で考えてもいいんだ」「おもしろそう」と感じ、主体的に学び始めることができます。

また、時間や学び方に様々な制限を設けていないか見直すことも大切です。もちろん、ある程度の制限があることで安心して学べる子どももいるでしょう。しかし、その制限が教師の「教えやすさ」を優先したものであるならば、それは子どもたちの主体性を損なう可能性があります。

教えやすい環境をつくることで子どもたちが学びやすくなるのであれば構いません。しかし、**単に「教えやすいから」という理由で制限をかけるのはもったいないこと**です。今ある「制限」を少しずつ広げていくことで、子どもたちの主体的な学びをさらに促すことができるでしょう。子どもたちが「学びやすい」環境づくりを、教師と子どもが一緒に行うことが大切です。

些細な行動から、主体性を発見する

子どもたちはすでに、授業中の些細な行動の中に、自分なりに考えて行動している姿を示しているはずです。

・ノートに自分なりの線を引いて、重要なポイントを強調する
・授業のめあてを考え、自分の言葉でまとめる
・学習している物語文の続きを想像する

といった行動を見逃さないようにしたいものです。このような主体的な行動を見つけたら、積極的にフィードバックを行うようにします。そうすることで、

「自分で考えることに価値がある」
「自分なりにやってみることはおもしろい」

と感じ、そんな自分に自信を持つことができるでしょう。**「できていないこと」ばかりを見るのではなく、まずは「できていること」を見つけて広げること**が大切です。

教師の理想や価値観から子どもを評価するのではなく、子どもたちの目線に立ち、その

子が成長している点を見つける姿勢が大切です。「自律的に」「自主的に」「自走する」といった言葉に教師としての願いを込めすぎるあまり、子どもたちの本当の姿を見失ってしまってはよくありません。**教師から見ると「あれ？」と思うようなことでも、それら一つひとつの行動や願いを大切にし、その価値を見つけ出すこと**が重要です。このような姿勢が、子どもたちの主体的な行動や学びを支えることにつながります。

子どもたちが「自分で考えて行動する」という過程がどのようにして生まれるかを意識し、その子が次のステップに進むために必要な声かけや指導、支援を行えるようにします。最初から「すべてを自分（たち）でできる」必要はありません。まずは、その子が好きなことや得意なこと、興味のあることから始められるようにするのもよいでしょう。

そこでの学びや行動が少しずつ広がり、学級全体での協働的な学びへと発展していく中で、子どもたちは他者と共に学び、共に成長する喜びを実感するはずです。常に、「子どもたち自身がそのよさを実感する」までがセットです。そこまでの「過程」を支えられるようにしていきたいものです。

悩み 09

「問い」をつくったものの……

「問い」をつくっても、その後の学習活動が充実せず、「問い」への意識や学びへの意欲が下がってしまうことがあります。そうならないためには、何が必要ですか？

ADVICE

「問い」を持てば学び続けるようになるわけではありません。学習を通して、わかることが増えると同時にわからなくなることも出てくるような展開を考えましょう。新たに生まれる「問い」を大事にしたいものです。

「問い」と子どもたちの学び

子どもたちの「問い」をもとに学びを進められるようにすることは、古くから重要視されてきましたが、近年、教育現場では改めて「問い」という言葉が注目されています。研究授業や教育書で頻繁に取り上げられ、子どもたちの学習における「問い」の役割が再認識されています。

しかし、一方で、「問いづくり」という言葉だけが独り歩きしている状況も見られます。「問い」をつくること自体が目的化してしまうと、子どもたちにとっては「やらされ感」のある苦痛な作業になってしまう場合もあるでしょう。

たとえ子どもたちと「問い」という言葉を共有できていたとしても、それが「つくらなければならないもの」になってしまうと、本来の意味が薄れ、形だけの「問いづくり」で終わってしまうことがあります。このような「問い」は、その後の学習にはつながりません。

改めて「『問い』とは何か」を考えてみましょう。「なぜ空は青いのか？」「地球温暖化はどうして起こるのか？」など、**子どもたちが純粋に「知りたい」「気になる」「もっと深く考えたい」と感じるものが「問い」**です。形式にとらわれず、子どもたちの内側から生まれる「問い」にしたいものです。

もちろん、形式的な「問いづくり」を通して、新たな視点や気づきが得られる場合もあります。しかし、もし、その後の学習活動が充実しないのであれば、それは「問いづくり」としてうまくいっていないと言えるでしょう。もっと、子どもたち自身の内面から湧き出るものを大切にする必要があります。

子どもたちが「気になる」「考えたい」と思っているかどうかは、**教師が日々の子どもたちの様子を観察することで、よくわかる**のではないでしょうか。もし、子どもたちが主体的に関わっていない「問いづくり」であれば、改善していく必要があります。決して、全員に「問い」をつくらせる必要はありません。「問い」が自然に生まれる子もいれば、そうでない子もいるでしょう。学びのスタイルは十人十色であり、それぞれの子どもの個性や発達段階を尊重することが大切です。

それよりも、本当に「気になる」「考えたい」という気持ちを持つ子の熱を生かしながら、学級全体で共に学ぶ場をつくっていけるようにします。そのような熱に触れることで、他の子どもたちも「問い」から始まる学びの楽しさを実感できるはずです。共に学ぶ他者の存在は、子どもたちの学びを深め、広げるための大きな力となります。

こうした変化や成長は、全員が同時に起こるわけではありません。**一人ひとりのペースで、少しずつ「問い」への意識が変わっていく**のです。子どもたちの興味や関心と結びつけながら、その子にとって「問い」が生まれる過程を大切にしたいものです。

学びの意欲が下がるのはなぜか

質問にあった「途中で学びの意欲が下がるのはなぜか」という点についても、深く考えてみる価値があります。最初の勢いだけで「問いづくり」を行い、その後に放置してしまっては、子どもたちが学び続けることは難しいでしょう。

・途中で新たな「問い」が生まれる
・学ぶ過程で視点が広がったり、考えが深まったりするといったことがあることで、学び続けようという意欲が湧きます。

子どもたちが学びのサイクルを継続することができるようにするためには、ふり返りを促したり、様々な「学びの力」を育んだりすることも大切ですが、同時に

「教師が子どもの学びを妨げていないか」

という視点も重要です。子どもたちが「問い」を持ち、学びを進めようとしていても、教師があらかじめ決められた授業の進行に従ってしまうと、子どもたちの学びの流れが断ち切られてしまいます。その結果、子どもたちの学びのサイクルが生まれにくくなります。

・子どもたちが自分なりに気になったことを追究できるようにする
・その中で新たな発見や学びが生まれるようにする
・新たな疑問が生まれ、さらに深く追究するような仕掛けを授業に組み込む
・学んだことを整理し、まだよくわからないことや気になること、これから明らかにしたいことについても向き合えるようにする

・グループでの話し合いを通して、自分の考えを深めたり、新たな視点を得たりする機会をつくる

……と、**子どもたちの学びのサイクル（過程）が継続するような単元の構成**を工夫する必要があります。

一人で、「その単元で学ぶべきこと」に関するすべての視点について学ぶことは不可能です。だからこそ、それぞれの学びが重なり合いつながりを持てるような場づくりが重要です。こうした場をつくることで、子どもたちの学びは広がり、深まっていくでしょう。その全体的な流れを意識しつつ、教師がどこでどのように指導や支援すべきかを見極めていくことが必要になります。

自分の「気になること」や内側にあるものを大切にしながら、絶えず学び続ける子を育てていきたいものです。そのために大切なのは、**教師が期待する学びや学習過程を押し付けないこと**です。小さな「できた！」や、小さな探究心を育むことが、大きな学びへとつながっていくはずです。子どもたちの内なる学びへの意欲を引き出し、その主体的な学びを温かく支えることが、教師の最も大切な役割と言えるでしょう。

「問い」の着地点をどう見つける？

子どもたちが「問い」をつくった後に、それらの「問い」をつなげて、学習の着地点をどのように見つけていけばよいのでしょうか？

ADVICE

「『問い』の着地点」ではなく「学習の着地点」を意識するようにしましょう。また、「問い」をつなげるのではなく、「学び」をつなげるようにしましょう。絶えず「子どもたちの学び」に注目できるようにします。

「問い」と「学び」をつなぐ

「子どもたちの『問い』をつなげる」という言葉を耳にするたびに、私は少し違和感を覚えます。それは、「『問い』をつなげる」という意識を、私はあまり持っていないからです。「問い」だけに注目しすぎて、それのみをつなげようとすると、かえって学びの本質を見失ってしまうことがあるのではないでしょうか。

私は、**子どもたちが発する「問い」を「学び」へとつなげていく**ことを大切にしています。具体的には、

・子どもたちが今何に興味を持っているのか
・何を学んでいるのか
・何が理解できているのか

を丁寧に把握しながら、一人ひとりの学びの道筋を、点と点を結ぶようにつないでいくイ

メージです。

もちろん、子どもたちから出てきた「問い」を整理したり、今後の学習展開を考えたりすることはあります。しかし、その際も、**「問い」そのものよりも、その背後にある子どもたちの「学び」**に焦点を当てています。例えば、全員で考えるにはまだ難しい「問い」は単元の後半で改めて注目できるようにし、子どもたちの好奇心を刺激し、多様な学びへとつながる「問い」は単元の前半に取り上げるようにします。

このように、私は常に「問い」よりも「学び」を重視しています。

・子どもたちが何を学び、何を考え、どのような視点を持っているのか
・子どもたち一人ひとりに、まだ足りない知識や視点は何か

……といった教師としての「問い」を常に意識することで、初めて子どもたち一人ひとりのより良い学習体験が生まれるような単元を構想できるのではないでしょうか。そこから、学習の流れや、目指すべき到達点が見えてくるはずです。

その際、**子どもたちの発言や考えの根拠や論拠**に注目することも重要です。もし、子ど

もたちに足りない視点や知識があれば、それらを補うような学習展開を考えます。

・Aさんの主張の根拠には、まだ○○という視点が足りないから、その視点を持っているBさんと学び合えるようにするといいかもしれない
・Cさんの論拠には、見方の偏りが見られるので、学級全体で考えを聴き合う場をつくるとよいだろう

……と考えながら柔軟に学習の流れを調整していきます。これは、子どもたちの学びを常に見取っている教師だからこそできることです。絶えず、**子どもたちの学びを細分化して**受け止め、**その学びを深めていくための指導や支援**を惜しみません。

学習の着地点を見据えて

ここで、「学習の着地点」についても考えてみましょう。すべての子どもが同じ場所にたどり着くことが理想でしょうか？　それは、一時間や二時間の短い単元であれば可能か

もしれませんが、七時間や八時間といった長めの単元では難しいかもしれません。子どもたち一人ひとりの多様な学びや学び方を尊重するのであれば、もっと広い視点で単元全体を捉え、子どもたちが学ぶ過程を見守ることが大切です。

・学習過程で「問い」や疑問が生まれているか
・学びがどれだけ深まり、理解が変化しているか
・他者と学びを共有し、協働的に進めているか

……と、**いくつかの重要なポイント**を見極めながら、子どもたちが「学習の着地点」にどのようにたどり着くかを考え、その過程で必要な指導や支援、学びの場づくりをしていく必要があるでしょう。

教師がどのような学習のねらいを持ち、どのような「学習の着地点」をイメージしているかによって、子どもたちの学びの場は大きく変わります。「ここさえ押さえればよい」という考え方で黒板（ホワイトボード）に書かれた内容をノートにまとめるだけでよいとするなら、それでもよいのかもしれません。しかし、それで本当に学んでいると言えるの

か、子どもたちが主体的に学ぶ力を育めるのかは疑問です。

学級全体で同じように「学習の着地点」にたどり着かせようとするのではなく、次のような流れで、子どもたちと共に学習を進められるようにします。

① 単元の目標を設定する（その目標にたどり着いた子の姿を具体的にイメージする）
② 「単元の目標」にたどり着く子どもたちの学習過程をイメージする
③ ①②と照らし合わせ、目の前の子どもたちが今どのような状況にあるのかを捉える
④ ③をもとに、その子や学級全体にとって必要な指導や支援、学びの場づくりを行う
⑤ ③④の繰り返し

すべての子どもが同じ着地点に、同じようにたどり着くことを求めすぎるのは、かえって逆効果になることもあるでしょう。⑤に記載している「③④の繰り返し」を続ける中で、子どもたち一人ひとりが自分の道筋で「単元の目標」「学習の着地点」にたどり着くと同時に、自分の学びや世界をさらに広げていけるようにしたいものです。

悩み11

「問い」が見つからない子への支援は？

なかなか自分の「問い」が見つからない子どもたちがいます。そのような子たちには、どのような支援をしていけばよいのでしょうか？

ADVICE

決して「『問い』をつくらなければならない」としないようにしましょう。別に見つからなくても構いません。「問い」を持っている子と共に学べるようにすることで、少しずつ「気になる」を大事にできるようになります。

「問い」が見つからない子への向き合い方

子どもたちに「問い」が生まれるようにしたいと願っていても、なかなか「問い」が生まれない子がいるのは当然のことです。子どもたちの「問い」をもとに学習を進めたいと考える中で、全員に「問い」が生まれなかったら……と焦る気持ちもよくわかります。しかし、**「何とかして『問い』をつくらせなければ」と考えすぎることは、教師も子どもたちも苦しめるだけ**でしょう。

興味があることや考えたいことは、人それぞれ違います。本当に自分が興味を持っていることや新しく知ったことに対して気になる気持ちがあれば、自然と「考えたい」と思うものですが、そうでない場合は難しいでしょう。まず、教師自身が

・「問い」をつくらせなければならない
・「問い」を持たせなければならない

という強迫的な考えから解放されることが大切です。その上で、

・「問い」ってどうやって見つかるのだろう？
・そもそも「問い」は見つけるものなのだろうか？

……と、自問自答してみましょう。そうすることで、「問い」が見つからない子の気持ちが少し理解できるかもしれません。そして、その子にとって本当に必要な学びの場が見えてくるでしょう。

「『問い』をつくらなければならない」というプレッシャーは、子どもたちを学びから遠ざけてしまいます。そうならないためにも、**「問い」という言葉自体を必要以上に多用しない**方がよいかもしれません。

・そもそも「自分の問い」とは何なのか

これを深く考える必要があります。無意識に使っている言葉が、自分の視点の偏りや見え

ていない部分を浮き彫りにすることもあるからです。「子ども主体の学習」を願うのであれば、自分の視点や捉え方を常に見直し子どもたち一人ひとりの学びの過程を尊重しながら、（子どもたちの視点を通して）自分が使っている言葉を見つめ直すことが大切です。

私自身も、「『問い』が大事だ」と考え、場を整えたものの、なかなか「問い」を出さない子がいることに悩んだ経験があります。「問い」そのものを深く理解しないまま、「問いをつくらせれば何とかなる」と思い込んでいたのかもしれません。自分の中でも違和感を抱えながら、無理に「問い」をつくらせていました。それでも何人かのおもしろい「問い」をきっかけに学習を進めることができたため、ごまかせていたのかもしれません。

くり返しますが、興味や関心は人それぞれであり、どの教科でも同じように「問い」が生まれるわけではありません。特に、子どもたちが「問い」について意識し始めたばかりの時期はなおさらです。子どもたちが「問い」と「学び」の関係を実感できるようになれば、様々な教科で「問い」を大切にするようになるでしょう。

学級の全員が同じように「問い」を生み出すことを求めるのではなく、気になっていることやもっと考えたいことを持つ子を巻き込んでいく方がよいでしょう。最初はこうした「問い」の中から、子どもたちと一緒に先生が考えられる場をつくることが大事です。

「問い」から「学び」へ

最初から「自分で問いをつくりましょう」「自分たちで学び合いましょう」と言われても子どもたちにとっては難しいことが多いでしょう。まずは、子どもたちの発言の中から、**先生が「これはみんなで考えるとおもしろそうだ」と感じたものを選び、その「問い」をみんなで一緒に解決する場をつくる**ことから始めましょう。

こうした学習を進める中で、「自分も同じことが気になっていた」と感じる子が出てくるかもしれません。その経験を通して、「自分の内側にあるものを大切にしてもいい」と気づく子も増えていくでしょう。自然に生まれた「問い」であれば、そこには、子ども自身の熱意が込められているはずです。その熱い思いを丁寧に受け止め、生かしていきたいものです。

これまで「先生の質問に答えるだけ」の授業があまり好きではなかった子もいるかもしれません。しかし、学級の仲間が気になっていることを一緒に解決しようとする雰囲気があれば、これまで学習にあまり興味がなかった子も自然と巻き込まれていくでしょう。そ

うした熱意に巻き込まれていく過程を大切にしたいものです。その過程で、少しずつ

・学ぶことのおもしろさ
・気になることをもとに学ぶ楽しさ

に気づいていけるようにしていきます。

やはり、「学ぶことはおもしろい」と感じられるようにするところから始まります。気になることが見つかれば、そこから学びを広げたり、考えたりすることのおもしろさに気づくでしょう。また、新たな学習材や日常の出来事に出会った時に、「これってどういうことだろう?」と疑問を持つことを大切にできるようになるはずです。

いきなり「問い」をつくることを目標にするのではなく、まずは学びの充実を大事にしていきたいものです。一人ひとりに違いがあるからこそ、その違いが生かされる環境の中で、それぞれの「問い」を大切にしながら学びの場をつくっていきたいものです。

「問い」のレベルがなかなか上がらない

「どんな『問い』を立てればよいか」をなかなか自分で考えることができず、「問い」のレベルがずっと上がらない子には、どのような支援をしていけばよいのでしょうか？

ADVICE

いきなり「問い」のレベルを考える必要はありません。それよりも、より良い「学び」の経験ができるようにします。その後で、その「学び」と「問い」をつなげてふり返ることができるようにするとよいでしょう。

「問い」の質について

子どもたちの「問い」を大切にしたいと思っても、最初はその質が高まらず、悩まれるかもしれません。教師として「○○を考えられるようにしたい」と願うことがあるからこそ、

「このような『問い』をもとに学習しても、あまり意味がないのでは？」

と焦ることもあるでしょう。しかし、最初からすべての子どもたちが質の高い「問い」を持てるわけではありません。だからこそ、**最初から「問い」に高い質を求めすぎない**ことが大切です。

子どもたちの自然な「気になる」「もっと知りたい」という気持ちを大切にするためには、**教師の願いがあっても、それを前面に出さない**ようにするべきです。まずは、子どもたちがふと気になったことや自然に生まれる「問い」を大切にします。教師が「問いをつ

くりましょう」と言って、「特別なものをつくらなければ」と感じさせてしまうと、子どもたちは身近な疑問よりも形式的な「問い」を出そうとするかもしれません。また、「『問い』の形になっていればそれでいいのか」と、表面的な「問い」で終わらせてしまうこともあるでしょう。

さらに、**ふと気になったことをきちんと表現できる環境かどうか**も重要です。「こんなことを言ったら周りにどう思われるかな」と感じてしまう環境では、自然な「問い」は出てきません。子どもたちの「気になること」にはおもしろさが詰まっています。そのおもしろさをしっかりと表に出せる環境を整えたいものです。

そのためには、まず**教師が子ども一人ひとりの「気になること」や「もっと考えたいこと」をしっかり受け止める**必要があります。

教師が「こんなことを考えてほしい」「こんな問いをつくってほしい」と願いすぎると、子どもたちの自然な姿を見失ってしまうかもしれません。教師としての願いはあっても、

・どんな「問い」でも、「気になったこと」を大事にする
・子どもたちが表現したことを楽しむ

・一緒に考えておもしろがる

……といった姿勢が大事です。そうすることで、子どもたちも様々なことを言い出すようになります。

「問い」の質を高めるために

問いのレベルを意識するのは、まずは教師だけで十分ではないでしょうか。子どもたちはそこまで考える必要はありません。特に四月や五月では、問いのレベルを意識しすぎると学習が硬くなります。子どもたちと「問い」の概念をどう共有したかにもよりますが、「学習は自分たちから始まる」「自分たちの気になることを大事にしよう」と話していたのであれば、その言葉を大切にして子どもたちと共に学習を進めたいものです。

それよりも、四月や五月は**一緒に学びながら学習が深まる経験や、「問い」をもとに学習を進めるおもしろさ**をしっかり体験できるようにすることが重要です。学習の始めに子どもたちの「問い」を大切にするだけではなく、学習後にその学びと「問い」をきちんと結びつけることを意識したいものです。考えてもおもしろくなかった経験や、すぐに解決してしまった経験も整理することで、改めて「おもしろかった問い」や「深まる問い」に注目できるようになります。

教師の役割は、「問い」のレベルを考えるだけでなく、子どもたちが自分たちの学習が深まった経験やおもしろかった経験をもとに、**「どんな『問い』がおもしろいのか」を自分たちで考えられるように支援すること**です。そうすることで、子どもたちは「問い」と「学び」を結びつけながら、より良い「問い」やおもしろい「問い」、学びを深める「問い」を考えられるようになるでしょう。

もちろん、子どもたちは勝手に考えるわけではありません。その過程では、

- ふり返りの場を設ける
- 「問い」を比較してどちらがおもしろそうか考える時間をつくる
- 学びを深める「問い」について言語化する時間をつくる

……と、様々な工夫が必要です。これらの場づくりは、子どもの現在の力をしっかり見極

めて行います。「子どもたちが深く学べるように、問いの質を上げたい」という願いがあるからこそ、子どもたち自身が気づける環境をつくっていくのです。

その際には、子どもたちが考えたことを記録し、次の学習や同じ単元の前にふり返ることができるようにします。たとえ一度忘れてしまっても、再度思い出せるようにすることで、過去に考えたことにさらに付け足しながら、学習を進めていくことができます。もちろん、何もしなくても記憶に残ることもあるかもしれませんが、こうした環境をつくることで、「これまでの学び」と「これからの学び」をつなげやすくなるでしょう。

「問い」は、**「見方・考え方」**と深く結びついています。各教科での「見方・考え方」を働かせることと、「問い」のつながりに注目することで、子どもたちの「問い」の質を高めることができます。注目する視点が増え、立ち止まって考えられる場が増えるほど、子どもたちの「問い」の質はさらに向上するでしょう。こうした点に意識を向けることで、一年間を通じて子どもたちの学びに大きな変化をもたらすことができるはずです。

「問い」の質が高まっていることを子どもたちと共有し、その成長を実感しながら、次の学びへとつなげていきたいものです。

悩み 13

誘導的な「問い」をつくらせてしまう

子どもたちに「問い」をつくらせているはずが、どうしても教材研究の想定や、教師がたどり着いてほしい「問い」へと誘導してしまい、「見せかけの子どもの『問い』」になってしまうことがあります。そうならないためには何が必要ですか？

ADVICE

教師の願いを持つことは大切です。「たどり着いてほしい『問い』」ではなく、「たどり着いてほしい『学び』」を意識します。その上で、子どもたちの「問い」が広がり、重なる場づくりを行うとよいでしょう。

教師の願いと子どもたちの「問い」のバランス

「子どもたちの『問い』を大事にしたい」と願っていても、教師として「こんなことを考えてほしい」「こんなことを学んでほしい」という願いを持つのは自然なことです。その願いと「子どもたちが『問い』をつくる」という理想との間で葛藤し、焦りを感じることもあるでしょう。

子どもたちが自ら「問い」を出すことで、より深い学びにつながる可能性があるのは確かです。しかし、無理に「問い」を引き出そうとすると、子どもたちは「先生は、私たちに考えさせたいことがあるんだな」と感じてしまい、主体的な学びから遠ざかってしまうかもしれません。

実は、こうした葛藤は、**教師が教材研究をしっかりと行い、明確な願いを持っているからこそ生まれる**ものです。教材研究が不十分であれば、子どもたちに任せきりになり、「子どもたちが学んでいるならそれでいい」と安易に考えてしまうかもしれません。それは、真の学びを支える教師の役割を果たしているとは言えません。

むしろ、教師として

「ここには必ず到達してほしい」

「こうしたことを学べるようにしたい」

と考えつつ、子どもたちが何かしら気になることを大事にしながら学習を進めていこうとする姿勢は素敵なことです。「子どもたちの問いを大事にする」「子ども主体の授業を考える」という言葉に振り回されるのではなく、教師自身がバランスを見つけることが大切です。

私たちが目指しているのは、子どもたちがより深く学ぶことです。そしてその学びが、単にテストで良い点数を取るためだけのものではなく、子どもたちの世界を広げ、生涯学び続ける力につながるものであるべきです。そのためには、教師がしっかりと願いを持ち、必要に応じて積極的に指導や支援を行うことも重要です。

すべてを子ども任せにしたり、「子ども主体でなければならない」と強制したり、学ばなかったらそれを子どもの責任にしたりするのは、目指す学びから逆行してしまいます。

それはおかしな話です。

必要であれば、教師が発問をすることも全く問題ありません。発問は、子どもたちが「これってどういうことだろう？」と新たな視点で考え直すきっかけとなり、学びを深めることにつながります。**教師が主導する場面であれ、子ども主体で進める場面であれ、子どもたちがより学ぶ環境を大切にすること**が重要です。その結果として、主体的な学びが生まれれば、それは自然と子どもたち自身の「問い」へとつながっていくでしょう。

子どもたちの「問い」を広げる

教師が強引に誘導しなくても、子どもたちの気になることを広げる方法はたくさんあります。

・発問をする
・グループで考えを聞き合えるようにする（意図的なグルーピングも含む）
・今日のめあてを共有する

・ふり返りを共有する
・グループで話し合ったことを共有する

……など、様々な方法があります。これらの方法を通じて、子どもたち自身が「気になること」を広げていく過程で、自分の「問い」の質を高めていきます。もし、その中の一つが発問であれば、それも有効な手段です。大切なのは、子どもたちが「気になる」「考えたい」と感じられる過程を大切にすることです。

「誘導的になっていることが、子どもたちの主体性を失わせているかどうか」を意識することは重要です。しかし、それだけにとらわれてしまうと、本来の学びを見失う可能性があります。そうであれば、

教師が主体的に関わり、より学びにつながるように進める

方がよいでしょう。「子ども主体」や「教師がいらない」といった考え方もありますが、それをすべての授業に一気に求めるのではなく、**段階を踏んで進めていく**ことが大切です。

『教師のいらない授業のつくり方』でも、ステップ（①学習を自分事にする ②子ども同士のつながりをつくる ③教師が消える）を踏んで進めていくように提案しています。いきなり理想の姿を求めるのではなく、まずは

目の前の子どもたちにとって何が必要なのか

を常に考える習慣をつけることが大切です。「子どもたちだけで学んでいる姿」を理想とするあまり、現実を見失わないようにしましょう。今できていることや、次にできるようになるべきことを、目の前の子どもたちの学びの姿に合わせて、教師と子どもたちが一緒に考えながら進めていきたいものです。

「真の子ども主体の学び」を実現するためには、**教師と子どもたちが共に成長していく姿勢**が不可欠です。子どもたちの「問い」を大切にしつつ、教師としての願いや目標を明確に持ち、必要な指導や支援を行うことで、子どもたちは主体的に学び、成長していくことができるでしょう。

悩み 14

学年ごとのポイントはある？

低学年・中学年・高学年それぞれの段階で、「このあたりまで（自分たちで）できればよい／できてほしい」という目安はありますか？

ADVICE

発達段階や学びの系統性を意識する必要はあります。ただし、「〇年だから……」と固定しすぎないようにしたいものです。子どもたち一人ひとりの現在地を捉えながら、その子に必要な指導や支援を行うようにしましょう。

「学年」という枠にとらわれない指導の重要性

「それぞれの学年でどこまでできた方がよいのか？」という疑問を持つことは、教師として当然のことです。学年に応じた目標を持つことは、子どもたちの成長を支える上で大切ですが、「学年」という枠にとらわれすぎると、

「中学年はここから始めなければならない」
「高学年にはいきなりこれができる」
「低学年にはこれは無理だろう」

といった決めつけにつながりかねません。学級内の子どもたちの発達段階や能力はそれぞれ異なるため、「学年」という枠を意識しすぎることには注意が必要です。

もちろん、各発達段階についてしっかりと理解しておくことは重要です。それを無視していいなんてことはありません。ただ、それと同時に、

・学習指導要領をきちんと読み込む
・各単元の指導事項を見つめ直す
・学習材を吟味する
・子どもたちのどんな学びを支えたいかを考え続ける

ことが大切になります。

例えば、「『問い』を持つ」ことに関して、**「低学年でも『問い』を持って授業を進めることはできるのですか？」**という質問をよく受けます。もちろん、できます。ただし、「子どもたちだけで授業を進めなければならない」といった考え方に固執すると、うまくいかないかもしれません。

もともと、「子どもたちが『問い』を持つ」は求められていることではありません。また、「子どもたちだけで授業を進める」必要もありません。子どもたちが気になることや、感じたこと、考えたこと、みんなで考えてみたいことを持つのはごく自然なことであり、それらをもとに学習を進められるようにすることは、どの学年でも必要なことです。

低学年の子どもたちだからこそ、より素朴な疑問に興味を持つことが多いでしょう。その「気になっていること」を大切にしたいものです。教師が考えたいようなテーマを、子どもたちがいきなり持つとは限りません。国語の物語文の学習であれば、低学年の子どもたちの方がいろいろな言葉に立ち止まり、読書の世界を広げようとします。授業では扱わないような「問い」も出てくるでしょう。その際に、「やっぱり低学年では『問い』をもとにした授業は難しい」と決めつけてしまうのは、もったいないことです。

子どもたちが気になることは、それぞれが表現できるようにしていけばよいのです。その中で、自分が気になっていることをもとに物語を読んだり、考えたりすることを大切にします。子どもたちの「気になる」「もっと考えてみたい」がどのように重なってくるか、子どもたちだけで進められる部分と、教師が整理していく部分は、教師自身が見極めていくことが重要です。

教師の適切な働きかけと支援

もし、子どもたちの「『問い』や興味だけでは、学習の質が高まらない」と感じた時には、**教師がきちんと発問**すればよいでしょう。その結果、子どもたちがさらに新しい疑問を持つようになり、「自分の気になっていること」と「教師が問いかけたこと」を組み合わせながら、学びを深めていくことができます。「いろいろな疑問があっておもしろいよね」という気持ちが育つ中で、「学ぶことはおもしろい」と感じられるようになっていきます。

教師がこのようなことを意識していれば、一年生であっても、二年生であっても、徐々にそうした力が育まれていきます。繰り返しますが、子どもたちに任せきることや、子どもたちだけで物事を進めることが目的ではありません。教師には果たすべき役割がたくさんあります。**子どもたちだけでは到達できないことがある場合は、教師が積極的に直接的な指導や支援を行っていくべき**でしょう。

それこそ、学習指導要領に書かれている指導事項に立ち返ります。例えば、小学校学習指導要領（平成29年告示）解説国語編において、「読むこと」（文学的な文章）の「第1学年及び第2学年」では、

○構造と内容の把握

イ　場面の様子や登場人物の行動など、内容の大体を捉えること。

○精査・解釈

エ　場面の様子に着目して、登場人物の行動を具体的に想像すること。

〇考えの形成

オ　文章の内容と自分の体験とを結び付けて、感想をもつこと。

〇共有

カ　文章を読んで感じたことや分かったことを共有すること。

と書かれています。これら一つひとつの内容を吟味した上で、絶えず「目の前の子どもたちの学び」に注目します。低学年の子どもたちには、その学年ならではの学びがあります。そこに必要な指導や支援をおこないます。それはどの学年でも同じです。

教師の適切な指導や支援、場づくりをすれば、今後の子どもたち自身の学び方を育むことにもつながっていくはずです。むしろ、それを「つなげていく」という意識があれば、少しずつ子どもたちの中で学びの力が育まれていくはずです。低学年であればあるほど、教師の直接的な指導や支援が必要ですが、ずっと手助けしたり説明したりするだけでは、子どもたちの力は育ちません。教師が問いかけ、共に考え、学びを深める経験を通してこそ、子どもたちは「自分で学ぶ力」を身につけていきます。

悩み 15

「聞きたい」と思えるようにするには？

どうすれば、子どもたちが「話し合う」「聴き合う」必然性を生むことができるでしょうか？

ADVICE

まずは、互いの関係性づくりから始めましょう。その上で、教師が常に「必然性のある話題」を用意するのではなく、子どもたちが互いの「違い」から、話し合う必要性を見つけられるようにしたいものです。

子どもたちが「話し合う必然性」を感じられるようにする

教育書や研修等で「ペアやグループで話し合えるようにすることが大事です」と言われると、多くの先生は「一斉授業を行うだけでなく、ペアやグループで話し合う時間をつくらなければいけない」と考えるでしょう。しかし、実際にそのような時間をつくって、単に「話し合いましょう」と言ったとしても、子どもたちが自然と話し合いを始めるわけではありません。だからこそ、「どうすればいいのか」と悩みます。

その結果、**「子どもたちにとって話し合う必然性がある話題が必要だ」**と考え、さらに悩むことになるでしょう。「やってみる」→「うまくいかない」→「目的に立ち返る」という過程をくり返す中で、こうした悩みが生まれます。やはり、子どもたち自身が話し合う必要性を感じなければ、積極的に話し合おうとはしません。話し合いの目的や意義を理解していなければ、ただの時間つぶしになってしまうこともあります。

私自身も学級を受け持った時には、四月の初めには、隣の人との会話ですら一分も続かないペアも珍しくありません。しかし、**最初はそれでよい**のです。そんな姿があって当然です。子どもたちは新しい環境や学級の仲間に慣れる時間が必要であり、無理に「話し合い」を促すよりも、まずは子どもたちが安心して話せる雰囲気づくりを行うことが大切です。

下の図に示した流れを意識することで、具体的な一歩が見えてくるでしょう。いきなり「話し合うための必然性のある話題を考える」のではなく、その前にできることがあるはずです。例えば、**子どもたち同士の信頼関係を築くための活動**や、**コミュニケーションスキルを育てるための活動**を取り入れることももちろん有効です。

子どもたちにとって楽しい話題やおもしろい話題なら、話し合いが続くかもしれません。そのような話題を考えることも大切でしょう。しかし、それ以上に重要なのは、子どもたちがどうやって関係性を築き、共に話し合いを進めていけるようにするかです。少しずつ人間関係を広げながら、子どもたちの話し合う力や協働する姿勢を支えていきたいものです。「雑談や会

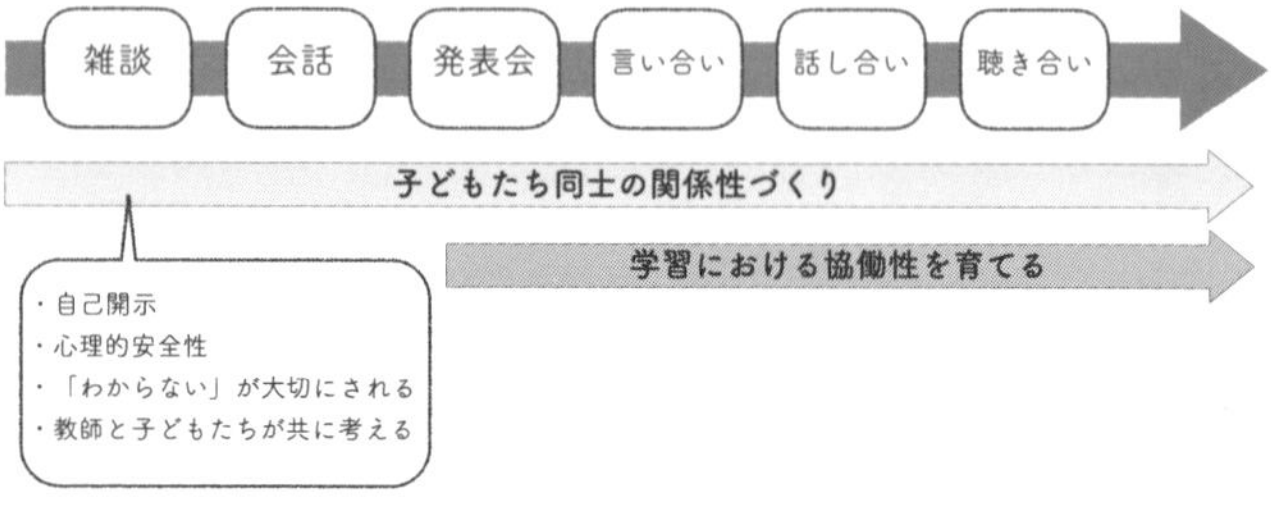

話の機会をつくる」だけでなく、**簡単な自己紹介ゲームやペアでのインタビュー活動を通じて、お互いのことを知る機会を増やす**ことも大切です。

教師が、子どもたちにどれだけ話し合いの重要性を説明しても、それだけでは効果は限られます。それよりも、子どもたち自身が「話し合いの良さ」を実感できるようにすることが大切です。そのために、

① 子どもたちにとって、適切な題材を用意する
② ①をもとに、子どもたちが話し合える環境を整える
③ 話し合って成長したことや変化したことを見取る
④ 子どもたちが話し合いの価値について語れるようにする（必要に応じて③をもとにフィードバックする）

……という過程を意識して指導や支援を行えば、子どもたちは徐々に話し合いの意味や必要性を意識し始めるでしょう。特に四月頃は、この過程を何度も繰り返し、子どもたちが協働することの良さや大切さを自分の言葉で表現できるようにしていきます。

話し合いを活性化させるための工夫

何でもかんでも話し合わせようとしてもうまくいくわけではありません。一人で考えれば済むことまで話し合おうとすると、子どもたちにとって意味のある時間にならない場合があります。特に、自分の中で満足していることについては、他の人と話し合おうとは思わないでしょう。それよりも、**わからないことや他の人の意見を聞きたいこと**があれば、自然と話し合いが生まれます。もちろん、本人が「わかったつもり」になっている場合もあります。その時は、その「わかったつもり」を見直し、他の人と話し合うことで、新たな視点を得たり理解が深まったりすることがあります。

まずは、**意見が分かれるような話題**で話し合いを始めるのがよいかもしれません。例えば、国語の教材であるような「山が好きか、川が好きか」など、立場が分かれる話題を設定すれば、子どもたちはそれぞれの立場での意見を話すようになります。互いの考えを比べながら、学びを広げたり深めたりすることができるでしょう。

その際、単に「話し合って終わる」のではなく、**話し合いを通じて気づいたことや考え**

たこと、理解したことを子どもたちが表現できるようにします。こうした発見をしっかりと言葉にできるようにすることで、子どもたちは話し合いの価値を感じ、その価値についての考えをさらに深めていくことができます。

子どもたちが互いの考えを比べられるようになると、小さな違いにも気づけるようになります。単に主張を比べるだけではなく、その理由や根拠を比べることで、より深い話し合いができるようにもなります。「全員が同じ意見」では、話し合う意味を見出しにくいかもしれません。しかし、それぞれの考えに違いがあるとわかれば、自然と「お互いの考えを聴き合うことが大切だ」と感じるようになるでしょう。互いの「違い」から、自分たちにとって必要な話題や問題を見つけていくことができるようになります。

そうすれば、教師が無理に必然性のある話題や問題を用意する必要も少なくなります。どんな話題であっても、子どもたちは自然に互いの考えを聴き合い、比べながら学び合うようになります。そして最終的には、子どもたちが「もっと話し合いたい」「みんなと学びを共有したい」と主体的に動き出す姿が見られるようになることが理想です。

悩み16

意見や質問に「型」は必要？

子どもたちが話し合ったり、質問し合ったりできるようにするために、意見や質問の「型」をはじめから用意する必要はあるでしょうか？

ADVICE

「型」があることで、意識できるようになる子がいるのは事実です。ただ、「型どおりに話させよう」と、「型」を強いるのは避けたいものです。その子がより話しやすくなるために「型」を使うのであればよいでしょう。

「型」の必要性と活用法

「意見や質問に型があった方がいいのではないか」という声をよく耳にします。実際に、協働的な学びを校内研究のテーマにしている学校では、話し合いの型をつくろうとする様子が見られます。そのような型をきちんと子どもたちに示すことで、子どもたちはより活発に話し合い、互いの考えを聞き合うようになると考えられているのでしょう。教師としても、型があることで指導しやすくなるというメリットを感じているのかもしれません。

やはり、型がある方が安心なのでしょうか？　型があること自体が悪いとは思いません。子どもたちの成長の段階によっては、こうした「型」があるからこそ、子どもたちはそれを頼りに考えることができるでしょう。特に、**表現力がまだ十分でない子どもたちにとっては、型が思考を支える助けになる**こともあります。例えば、

「なぜなら……」

「○○さんと似ていて……」

「○○さんと違って……」

というような**「自分の考えを表現する型」**については、私自身も若手の頃、三年生や四年生を受け持っていた時に教室の前に掲示していました。こうした型を示すことで、子どもたちは「似ていること」「違うこと」を意識しながら自分の考えを伝えられるようになると考えていました。また、言葉に詰まった時の助け舟になることも期待していました。

ただし私は、「絶対にその型通りに話さなければならない」とは思っていなかったので、こうした言葉を無理に使わせることはしませんでした。しかし、**こうした言葉が自然に出てきた時には、その価値を認めるような声かけをしていました。**

言葉の型にこだわりすぎて、子どもたちが萎縮してしまうのは避けたいものです。例えば、型をもとに何度も言い直しをさせるような授業風景を見たことがありますが、それは不自然です。型はあくまで目安であり、**子どもたちが自然に意識できる程度**でよいのではないでしょうか。無理強いは、子どもたちの表現の幅を狭めてしまう恐れがあります。

結局のところ、どのような目的で子どもたちに型を示すかが重要です。子どもたちに意識を促すためなのか、それとも、型通りに言わせるためなのか。教師がどのような意図を持っているかによって、その後の子どもたちの学びや姿は大きく変わっていきます。

例えば、一年生であれば、こうした型を示すことで、意識できる言葉や表現が少しずつ増えていくでしょう。もちろん、すぐに忘れてしまったり、上手に使えなかったりすることもありますが、型が示されていることで、少しずつ自分の考えをわかりやすく表現しようとしたり、他の人と考えをつなげたりするようになります。そして、次第にこうした型を見なくても、自分の中で自然と使いこなせるようになっていきます。

「型が身につく」ということについては、教師としてしっかり考える必要があります。単に形式的なものとして終わらせるのではなく、**子どもたちが型を自分のものとして使いこなせるようになる過程**を大切にしたいものです。そうした過程があるからこそ、「自分なりに考える」という姿勢が育まれるのかもしれません。型はあくまで手段であり、目的ではありません。

「型」の導入と共有

型の示し方については、いろいろな工夫が考えられます。いきなり型を示したからといって、子どもたちが「これが必要だ」と感じるとは限りません。むしろ、子どもたちが自然と話し合う中で出てきた言葉を抽出し、それを子どもたちに示すことで、子どもたちは今まさに大事にしている言葉をさらに意識するようになるでしょう。また、自分にはなかった言葉や質問の仕方に触れることで、自分の考えの表現が変わり、新たな視点を得ることで思考が深まります。

ただ単に型を押し付けるのではなく、子どもたちと一緒にその言葉の意味や使い方について考えることが大切です。そうすれば、子どもたちもその「型」となる言葉を大切に使っていけるようになります。

次に示すのは、子どもたちがこうした「言葉」について感じたり考えたりしたことを表現したものです。

「『〇〇さんと似ていて』ということを意識するようになってから、その人の考えとどこが似ていて、さらに何を言いたいかを考えられるようになった」

「『だって……』の後にくる話は、めっちゃ注目したらおもしろい。だって、その人の言いたいことのかなりの部分が表れている気がする」

「『例えば……』ってことを意識して話すようになってから、何かに例えようとすることで、もともと考えていることをより深く考えるようになった」

少しずつ、その言葉が子どもたち自身のものになり、学級全体で共有されるようになった時には、**教師がそれをきちんと見つけてフィードバック**していくことが重要です。そうすることで、大切にしたい言葉や表現が学級全体で共有され、より深い学びにつながります。その過程を教師としてしっかりと支えていきたいものです。

型は、子どもたちの学びを支えるための有効な手段となります。しかし、その使い方を誤れば、子どもたちの自由な発想や表現を狭めてしまう危険もあります。教師は、子どもたちの成長段階や学習状況に応じて、型を柔軟に活用していくことが必要になるでしょう。型を大事にした上で、型に縛られず、子どもたちが主体的に考え、表現できるような授業を目指したいものです。

悩み 17

「理由を言える」のハードル

子どもたちが、なかなか「自分の意見を理由まで言える」状態にまで育たず、ステップが進みません。「理由を言える」ようになるために有効な指導や支援の方法はありますか？

ADVICE

「もう少しくわしく知りたい」という思いを持って、子どもたちに問いかけるようにしましょう。そうすることで、子どもたちは、「理由」も含めてより詳しく自分の考えを伝えられるようになります。

「理由」を言えるようにするために

この質問からすると、子どもたちは自分の意見を言えるようになってきているのかな、と思います。その中で、「自分の意見をしっかりと理由とともに言える状態にしたい」と思われることは、とても素敵なことだと思います。このステップをどのように進めていくのかについて、悩まれているのでしょう。子どもたちの成長を見守りながら、次の段階へと進めていきたいという気持ちが伝わってきます。

「自分の理由が言えない」というのは、どういうことなのでしょうか。それをじっくり考えてみるとよいのかなと思います。目の前の子どもたちが理由を言えないことについて、具体的に探っていく必要があります。その原因を理解することで、その子にとってより適切な指導や支援が見えてくるかもしれません。

・理由があるけれど、うまく表現できない
・ただ思いついたことを言っているだけで、自分の内側にあるものを言語化する習慣が

ついていない
・実は、子どもたちは「理由を言っているつもり」である
・心の中では理由も含めて話しているつもりが、外に出る言葉は主張だけになってしまっている
・そもそも「理由を考える」という発想がまだ育っていない

……など実に様々でしょう。

理由が言えない子に対して、ただ「理由は?」と繰り返し聞くのではなく、**理由を引き出せるような工夫**をするとよいでしょう。子どもたちが考えを深め、自分の言葉で表現できるようになるための指導や支援が必要です。


「どこからそう思ったの?」

「どの文章を読んで?」

「グラフのどこに注目したの? 指をさしてみて」

「もう少し詳しく教えて」

「というと？」

など、**様々な聞き方で掘り下げていく**とよいでしょう。同時に、子どもたちが話しやすい雰囲気をつくることも大切です。

「理由が言えることが大事だ」と考えるあまり、「理由を言わせる」ことにこだわると、子どもたちはプレッシャーを感じてしまいます。それよりも

「聞きたい」

「もっと知りたい」

という姿勢で問いかけることが重要です。そうすると、自然と「もう少しくわしく教えて」と言えるようになり、その雰囲気が子どもたちにも伝わります。子どもたちがグループやペアで話し合う際にも、相手の考えをもっと知りたい、聞きたいという気持ちが高まり、自然に質問が生まれるようになります。質問を通じて理由や考えが共有されることで、話し合いが深まり、子どもたちの協働性が育まれるでしょう。

いきなり理由を言うのは難しいかもしれませんが、こうしたやり取りを通して、次第に理由も含めて話せるようになっていきます。

「相手に自分の考えを伝えるためには、理由を伝えることが大事だ」

と、子どもたち自身が実感することが必要です。その過程を大切にしながら、時間をかけて少しずつ子どもたちの成長を見守る姿勢が必要になるでしょう。

具体的な声かけと教師の姿勢

教師の側でも、子どもたちが何を言えているのか、また言葉にはできていなくても何を理解しているのかをしっかりと受け止める姿勢が重要です。もし「主張」しか言えていない場合は、「根拠」や「論拠」を丁寧に探る問い返しを通じて、その子が自分の考えを見つめ直しながら表現できるように支援します。

子どもたちから「なぜなら……」「理由は……」「だって……」と、理由が出てくるようになると、その熱意が感じられるでしょう。**「理由を言わなければならない」ではなく、「理由も含めて伝えたい」という気持ちが生まれること**が大切です。そうした気持ちが芽生えることで、子どもたちの学びはさらに深まっていくでしょう。

やり取りの中で理由を伝えることができるようになった時、その大切さを子どもたちと共有します。理由を表現する方法は、必ずしも言葉だけに限りません。例えば、算数では数式や図を使って主張を裏付けることもできます。理科では、実験結果や観察記録を用いることで、自分の考えを裏付けることができます。教師がこうした場をつくることで、子どもたちが理由を表出しやすくなります。

また、**理由を持って考えを伝えることや、他者と理由を比べることで新たな発見をする楽しさ**を感じられると、子どもたちは自分の理由を大事にするようになります。相手の理由を否定するのではなく、共にそのおもしろさを楽しむことが重要です。そうすることで、学び合いの場がより豊かになります。「子どもたちが理由を言えるようになる」過程を、一緒に追いかけていきたいものです。

悩み 18

声が大きい子に引っ張られる

声が大きい子どもの意見に他の子たちが引っ張られてしまいます。特定の子の意見にばかり引っ張られないような学び合いや、声の大きい子も他の子の意見を聴けるような学び合いが起こるためには、教師は何をすればよいでしょうか。

ADVICE

子どもたちが「他者と考えを聴き合うことのよさ」を感じられるようにしましょう。「声が大きい子」の考えだけでは視野が狭くなることを実感できれば、「引っ張られる」という状況は減ってきます。

「声の大きい子」への対応

私も、声が大きい子によって他の子の意見や決断がかき消されてしまうことに悩んだ経験があります。もちろん、その子が一生懸命取り組んで、自分の考えをしっかりと伝えようとする姿勢自体は、素敵なことです。しかし、その結果、「意見を言う人」と「それを聞いている人」という関係性ができてしまい、他の子どもたちがその子に任せてしまう状況が生まれることもあります。これは、学級の中で意見の偏りや主体性の欠如を引き起こす可能性があります。

声が大きい子の特徴とはどのようなものでしょうか。自信を持って発言し、リーダーシップを発揮する一方で、他者の意見を聞かずに自分の主張を押し通そうとする傾向があります。普通の生活班のグループで話し合いをしていると、自然とこうした力関係が生まれることがあります。

そこで、**子どもたちが話し合うグループを意図的につくっていきます**。例えば、声が大きい子たちを同じグループにしてみます。そうすれば、お互いに主張ばかりし合い、意見がぶつかり合うでしょう。白熱した場面も出てくるかもしれませんが、自分の考えを押し通すだけではうまくいかないことを学ぶ機会になります。この過程で、「うまくいかないことがあった時にどうすればいいか」を一緒に考えられるようにします。**協働性や他者の意見を尊重する大切さを、経験を通じて理解していけるようにします**。

また、声の小さい子同士や、つい人任せにしてしまう子たちを一緒にするのでもいいでしょう。そのような環境では、自分たちで話し合わなければ学習が進まない状況になります。「相手の話を聞く」ことに関してはできる子たちだからこそ、その環境の中で安心して少しずつ自分の考えを話せるようになるかもしれません。こうした経験を積むことで、他の場面でも自信を持って話し合えるようになるでしょう。

子どもたちが学び合っている様子を見ていると、自分の考えを伝えるだけでなく、「○○さんはどう思うの？」と他者の考えを聞こうとする子が現れることがあります。こうした子の存在をしっかりと見つけ、フィードバックすることが大切です。こうした行動の価値について、子どもたちと一緒に考える機会をつくることで、「グループのメンバーと一緒に考えること」の意義について学んでいけるようになります。なかなかうまく話せない子がいる場合は、他者に考えを聞こうとする子と同じグループにしておくことで、グループ全体で共に話し合えるようになっていきます。

さらには、**グループで学び合った後に、そこで出た考えを全体でも聴き合えるようにします**。そうすることで、自分たちのグループでは出会えなかった考えに出会うことができます。グループ内では大事にされなかった考えも、本当はすごく重要だったと気づくこともあるでしょう。そうなれば、グループで過ごしていた時の自分（たち）の考えの狭さにも気づくことができます。

こうした経験を通じて、子どもたちは常に

「自分たちの考えに偏りがないか」
「自分たちが見えていないことがあるかもしれない」

と考えられるようになります。グループ内でもいろんな人の考えを聞きながら、より多くの角度から物事を考えられるようになるでしょう。そのような環境が整えば、「グループ内で声の大きい人の意見だけが通って、話し合いが終わってしまう」という状況は減ります。多様な意見を取り入れることで、学びの深さが一層増していきます。

声の大きい子を「柔軟な考え方を持つ人」に

グループピングを工夫するだけでなく、声の大きい子が「自分の考えを押し通す」のではなく、「自分の考えを柔軟に変えられる人になる」ように支えることも大切です。その柔軟さが育てば、「声が大きい」で終わらなくなるでしょう。**グループでの話し合いを通して、そのような姿が見られた時には、その姿を強化していきます。**

例えば、活発な話し合いの中で、ある子が「〇〇さんの意見を聞いて、自分の考えが少し変わったよ」と発言したり、ふり返りで自分の考えの変化を書き記したりしていたとします。そんな時にはすかさず

「自分の考えを変えられるってすごいなぁ」
「〇〇さんのどんな言葉が心に響いたのかな？」

とフィードバックすることで、その子は、**「話し合いを通して新しい視点を得ることの価**

値」を実感できます。こうした具体的な声かけが、子どもたちの内省を促し、自分自身の学びを深めるきっかけとなります。

さらに、子どもたちが互いの意見を尊重し合い、多様な考え方を受け入れる姿勢を育むためには、教師自身がそのモデルとなることが重要です。授業中に教師が子どもたちの意見に耳を傾け、真摯に受け止める姿を示すことで、子どもたちは安心して自分の考えを表現できるようになります。

このように、話し合うこと、学び合うことの意義を学級全体で共有していくことで、子どもたち一人ひとりがその意味を深く理解していきます。そうすれば、声が大きい子も、多様な意見に耳を傾けることの大切さを自然と認識し、意見の違いを肯定的に捉え、学びの機会として活用するようになるでしょう。

最終的には、これらの経験を通して、子どもたちは**「自分一人では気づけなかったこと」を発見する喜び**を知り、その過程で成長していきます。これは決して「声の大きい子」だけに限った話ではありません。学級のすべての子にとって大事なことです。その学びの過程を丁寧に支え、子どもたち一人ひとりの成長を見守っていきたいものです。

悩み 19

クラスの人数が多いと……

クラスの人数が多いと、一人ひとりの話し合い、聴き合いの姿を評価したり見取ったりすることが難しくなります。たくさんの子たちを同時に見取っていくための工夫はありますか？

ADVICE

たくさんの子たちを同時に見取っていく必要はありません。子どもたち一人ひとりの学習過程を追いかけるようにしましょう。理解度を測る機会をつくったり、学習履歴を残せるようにしたりするのも、その手段の一つです。

子どもたち一人ひとりの学びを見つめるために

学級に子どもたちが三十人以上いると、一人ひとりの学び合う姿をつぶさに見取ることは難しいでしょう。「評価しなければならない」「見取らなければならない」と考え、きちんと子どものことを見ようとする姿勢は非常に大切です。しかし、**グループで話し合ったり考えたりしているすべてのやり取りを把握することは、現実的には不可能**です。

こうした時に、「だから、グループでの学び合いより、一斉指導の方が大切だ」という声を耳にすることがあります。ただ、一斉指導では、果たして一人ひとりの学びを「見取れていた」と言えるのでしょうか。ノートに書いている内容を発言させたとしても、それは学びのほんの一部でしかありません。教師が一人ひとりの理解度や思考過程を完全に把握することは、一斉指導であっても難しいはずです。

子どもたちが学び合う姿を評価する際には、「A・B・C」や「できている」「できていない」といった結果だけでラベリングするのではなく、子どもたちがどのように学びを進めているのかを丁寧に追いかけることが重要です。なぜなら、子どもたち一人ひとりの学びの筋道は異なるからです。ある子は試行錯誤を重ねながら理解を深め、別の子は他者との対話を通じて新たな視点を得ることもあるでしょう。

単元の目標があれば、

・単元の目標に向かって、子どもたち自身が主体的に取り組んでいるのか
・まだ足りない視点があるとすれば、それはどのようなものなのか
・Aさんに課題があるように見えるが、それはAさんだけの課題なのか
・学級全体として、まだたどり着いていないことがあるのか

といった視点をもとに、子どもたち一人ひとりの学びを見取っていくことが大切です。

「評価しなければならない」と思いすぎず、
「子どもたちは何を学んだのか」
「どのような学ぶ過程にいるのか」

を広く捉えることが大切です。**子どもたち一人ひとりの学びの過程そのものに目を向け、その過程をどう支えられるかを考えること**が、評価の本質と言えるでしょう。

多様な評価方法の活用

一斉指導では、子どもたちの「学んでいるか」「学んでいないか」を目に見える形で評価しやすいでしょう。しかし、グループで話し合う時間が増えると、自分（教師）の見えないところで起きていることに対して不安になるのは当然です。自分の見える枠に押し込もうとする気持ちも理解できます。

もし、子どもたち一人ひとりの理解度を把握したいのであれば、**個別にそれを見取る場面、評価する場面をつくればよい**のです。例えば、次のような場面を設定することができます。

- 学習内容に関わるミニテストを行う
- 思考力を評価するような課題を提示して、自分の考えを表現できるようにする

・ICTを活用してポートフォリオを作成できるようにする

これらをもとに、その子がどのようなことを学んでいるのか、どのように理解しているのかを多角的に捉えられるようにします。また、個別のフィードバックや会話を通じて、直接子どもたちの声を聞くことも大切です。

例えば、6年社会の歴史の学習を行っている際には、**適宜自分の考えていることを書き記す機会**をつくりました（下図）。ふり返りとは違い、子どもたちが今何を学んでいたり、考えたりしているかを捉えるためです。

テーマ　「明治の国づくりを進めた人々」について考えたこと、気になったこと（ステップ①を終えて）

自分の考え

明治の国造りを進めた人々について考えたことは、学習する前は、明治時代のことはあんまり知らなかったのだけれど、学習してからは現在に繋がっていることが多いなぁと思いました。なぜそう思うかと言うと、文化とか学問で言うと、鉄道がもう開通しているし、学問は６歳以上の男女が学校に行けるようになっているから明治時代から今の私達がしている生活は繋がっていたんだなぁと思いました。明治時代へ移り変わったきっかけはやっぱり外国のアメリカのペリーが来て条約を結んだのもあると思うのだけれど、それも一つのきっかけとして、幕府が滅びたから移り変わったということもきっかけだと思います。
今回は、幕府が滅びると言うよりも政権を朝廷に返すということなんだけれど、幕府がなくなって新しい新政府ができたから明治時代に移り変わったのだと思います。この時代には、色々な人物が出てきていて、それは、色々な人が行動を起こしたからだと思います。アメリカと条約を結んで、国内は、混乱していたときなどに坂本龍馬とか西郷隆盛とか木戸孝允やが行動を起こしたから色々な人物が出ているのだと思います。そして、国民の考え方も変わったのだと思います。前の時代では、不満を持って一揆反乱を起こすだけだったけれど、この明治時代では、国民たちも政治を求める声を上げていて自分たちのことだからとかそういう考え方に変化したのだと思います。けれど、なぜ変わったでしょうか？と考えたときにやっぱり海外の影響がすごいのではないのかなぁと思います。鎖国を取りやめていなかったら何もかも変わっていないから海外の影響がすごく大きいと思います。もし、ペリーが来ていなかったら国はどうなっていたのかなぁと思います。それは、ずっと江戸時代は続いていたのかなぁと思います。けれど、そうは行かないのかなぁと思います。西郷隆盛や坂本龍馬など色々な人がいるから立ち上がって江戸幕府を滅ぼそうとするから江戸幕府は続いていないのではないのかなぁと思います。けれど、ペリーが来ていなかったら明らかに今学習している明治時代というのはなかったのではないのかなぁと思います。

ハテナ・ステップ②で考えたいこと

- 江戸時代から明治時代への移り変わりとそのきっかけ
- この明治時代で活躍というか国造りを進めた人々がいなかったらどうなっていたのか
- 西郷隆盛がいなかったらどうなっていたのか
- 木戸孝允がいなかったらどうなっていたのか
- 大久保利通がいなかったらどうなっていたのか

子どもたち一人ひとりが自分の「問い」をもとに追究するような学習を進めていると、時には

「今、子どもたちがどのようなことを考えているのだろう?」
「今、どのような困難に直面しているのだろう?」

……と、それぞれ子どもたちがどのような学びをしているのかが見えにくくなる場面もあるでしょう。そんな時は、このような場をつくることで、子どもたちが今何を理解しているか、または理解できていないかを把握することができます。それに加えて、その子にとって必要な情報(知識)や学習の場についても考えることができるでしょう。

さらに、子どもたちの学びを広げ、深めていくためには、それぞれの学びをつなげたり、重ねたりしていくことができる協働的な学びの場をつくることが重要です。教師自身が「協働的な学びの場で何を大事にしているのか」を改めて見直しながら、子どもたち一人ひとりの学びが促進されているかを確認し、必要に応じて指導や支援を行っていきましょう。

「学び合う力」の必要性をどう伝える？

「自分たちで学び合う力」の必要性を子どもたちに伝えていくためには、どのようなことが必要でしょうか？

ADVICE

「教師が必要性を語る」ことよりも、子どもたち自身がその必要性を「考える」「実感する」ような場づくりをできるようにします。実感したことは、これからの学び合いにもつながっていくでしょう。

学び合うことの価値を実感できるようにする

悩みますよね。教師がどれだけ「学び合う力が大切だ」と思っていても、子どもたち自身がそのように感じなければ意味がありません。変化の激しい現代社会では、自ら課題を発見し、他者と協力して解決していく力がますます求められています。こうした力を育むためには、子どもたちが主体的に学び合う経験を積むことが不可欠です。

教師がいくらグループでの学び合いの重要性を説いても、子どもたちがそれを「やらされていること」と感じてしまっては、学び合いの本質は伝わりません。子どもたち自身が学び合うことの大切さを実感し、「学び合うからこそ学びが深まる」と感じられるようになれば、そうした学びを子どもたち自身が大切にするようになります。

例えば、グループで協力して課題を解決する中で、自分一人では思いつかなかったアイデアが生まれることがあります。また、友達の意見を聞くことで自分の考えを深めたり、新たな視点を得たりすることもあるでしょう。このような体験を通して、子どもたちは学び合うことの価値を実感していきます。

「大切だ」と伝えるだけでなく、**子どもたちがその価値を実感する過程**をしっかりと考えていきたいものです。子どもたちの現状は一人ひとり異なるので、「こう伝えればよい」という正解はありません。それぞれの段階に応じて適切な言葉は変わってきます。

だからこそ、まずは子どもたちの現状をよく観察することが必要です。少しずつ話し合うことがおもしろくなってきている子もいれば、まだ誰かと一緒に考えることを楽しんでいない子もいるでしょう。結局のところは、子どもたち自身が「学び合うことが自分の成長につながっている」と感じることが大切です。良いと感じたことは自然と続けるでしょうし、逆にそう感じられないものは「やらされること」になってしまいます。

子どもたちと共に「学び合うこと」の意味を考える

子どもたち自身が少しずつ学び合う価値や意味を見出せるようになってきたら、次はその大切さや必要性について子どもたちと一緒に考える時間を持ちます。

「学び合うことってどんなふうに大切なんだろう?」

と問いかけると、子どもたちは自分の考えを表出するでしょう。教師から「こういうことが大切だよ」と伝えるよりも、お互いにいろんな意見が出てくるのでおもしろいです。

・友達の意見を参考に、自分の考えを深めたり、新しい視点を見つけたりすることができる
・協力することで、一人で考えるよりも多くのアイデアを生み出すことができる
・お互いに教え合い、学び合うことで、理解を深めることができる
・チームワークの大切さを学ぶことができる

「自分では考えていなかったけど、確かにこんな考えもあるな」と他者の意見から気づかされることもあるでしょう。こうした気づきが、また次に学ぶ時に少し意識するようになります。このような過程を経て、少しずつ子どもたちなりに学び合う価値や意味を見つけていくことができます。じんわりと少しずつ、その子の中で形成されていくことを大切にしましょう。

そこからさらに、自分たちの学び合う力についても目を向けられるようにします。

自分たちで学び合う時に大事にしたいことは、ちゃんと相手の話を聞くことが1番だと思います。なぜかというと、今日の理科でもそうだったんだけれどちゃんと相手の話を聞いていなかったら議論もできないしそれがあっているかも分からないから自分たちで学び合う時に大事にしたいことベスト1は、やっぱり相手の話をちゃんと聴くことだと思います。相手の話を聞くって言うことは、当たり前と思うことが多いけれど行動に移してみればすごく難しくて意識していたらちゃんと聴けるのにすっと気が抜けちゃうと聞いているつもりになってしまって大事なところが聞けていなかったりするから相手の話を聞くことは難しいけれど、どんどん失敗とかも含めながらやっていったらできるようになるんじゃないかと思います。

これは、ある子のふり返りです。理科の時間にグループでうまく話し合いができず、間違った考察をしたまま進んでしまったことをもとにふり返っています。こうした「うまくいかない経験」も大切にすることで、より学び合う時に大切なことや考えなければならないことについて目を向けられるようになります。

うまくいかないことはチャンスです。いきなり「こういう風に学び合うことが大切だ」

と伝えても、子どもたちがすぐにうまく学び合えるはずがありません。子どもたちなりに失敗することが大事です。うまくいかないことがあれば、それを一緒にふり返りながら「より良い学び合い」を見つけていけばよいのです。一緒に歩んでいくという姿勢を大切にしたいものです。

教師自身にも理想の学び合いの姿があると、ついそちらに向かって子どもたちを誘導したくなってしまう気持ちはよくわかります。もちろん、話し合いが進んでいないグループがあれば声をかけて、より話し合えるように支えることも大切です。しかし、**うまく話し合えなかった経験を大切にする**ことも重要です。

何でもかんでもすべてがうまく学び合える必要はありません。「学び合う意味」を見つけていく過程では、「うまくいかない」ことに対して、どのように改善していくのかを子どもたち自身が探り、考えられるようにすることが大切です。そのためには、子どもたち一人ひとりの気づきを大事にしながら、教師としてその歩みにしっかりと寄り添っていきたいものです。

悩み 21

同じ子とばかり交流する

子どもに交流を任せると、８割の子はいつも同じ子とばかり交流してしまいます。クラス全体に自然と交流が広がっていくように、教師が「つなげる」ためには、どうしていけばよいでしょうか？

ADVICE

子どもたち自身が「いろんな人と関わることの大切さ」に気づけるようにします。「いい学び」につながれば、さらにこのことを大事にするようになるでしょう。じわじわと、関われる範囲を広げていきます。

「いろんな人と関わることの大切さ」に向き合う

タブレットPCを活用することで、隣の人だけでなく、様々な人と考えを共有することができます。その機能を活用しながら、

・多くの人と交流できるようになってほしい
・自分に足りない視点を持つ人とも交流するようになってほしい

と願っていることでしょう。

しかし、歩き回って交流する機会をつくっても、子どもたちはいつも仲の良い人や話しやすい人と交流しがちです。低学年のうちはまだ様々な人と交流することも多いですが、学年が上がるにつれて次第に「普段仲の良い人」との交流が中心になっていくでしょう。それは、大人でも同じです。ふと気づけばいつも同じ人と話している、という経験はありませんか？

年度当初には、このような状況がよく見られます。そこで、**子どもたちとそのことについて話し合ってみること**から始めます。例えば、歩き回って互いに考えを聴き合う時間について、事前に「どのようなことを大切にしたい?」と問いかけて、子どもたちと一緒に考えられるようにします。そうすると、

「いろんな人の考えを見ることが大切」
「自分と違う人の考えに触れたい」

といった意見が出てくるでしょう。こうして、子どもたち自身が「いろんな人と関わることの大切さ」に気づき、考えられるようになることが大切です。

その際、**「安心できる人と話したくなる気持ちはとても自然なこと」**であることも、子どもたちと共有することも重要です。「それが自然なことなんだ」と理解すると、そんな自分の気持ちも大切にすることができます。その上で、「いろんな人と関わること」にチャレンジできるようになるでしょう。

そこから、次のステップで進めていきます。

① 子どもたちと共に「いろんな人と関わることの大切さ」を考える
② 歩き回って交流する機会をつくる
③ 交流に関してふり返る時間をつくる
④「以前よりも意識（行動）できた」ことに関する思いや考えを聴く
⑤「やっぱりうまくいかなかった」ことに関する思いや考えを聴く
⑥ 次回の交流の機会に、④⑤で考えたことを思い出せるようにする

決して、「いろんな人と関わる」ことを強制するのではなく、子ども自身がその良さを少しずつ見つけられるようにします。**⑤で、「やっぱりうまくいかなかった」について聞いてみる**ことも大切です。

「やっぱり、安心して話せる人の方が近寄っていきやすい」
「ちょっと声かけてもらえるとうれしい」

……といった話にも大いに価値があります。それぞれの今の姿を大切にしながら、少しず

つ自分の世界を広げるような関わりができるように支えていきたいものです。

教師としては様々な願いがあるかもしれませんが、それらは押しつけられるものではありません。それよりも、子どもたち自身が他の人と関わり合いながら学び合うことの価値を、自ら考えられるようにしたいものです。

子どもたちの「違い」を明確にする工夫

時には、**子どもたち一人ひとりの「違い」をはっきりさせる工夫**も必要です。例えば、

・ネームカードを使用する
・提出方法を変える

……と、それぞれの立場を明確にすることで、自分と違う考えを持つ人の意見に耳を傾けるきっかけをつくります。結局、自分と誰が違う考えを持っているのかがわからないため、いつも一緒の人と話し合ってしまうのでしょう。**「違い」が明確になることで、「あの人は**

どんなことを考えているのかな？」と興味を持ち、「その人と話したい」と思うようになります。

子どもたちを無理やりつなげようとしても、それは無理です。「つながりたい」と思えるようなきっかけをつくり、教師がつなげた際には、その良さを子どもたち自身が実感できるようにしたいものです。

「自分に足りない視点を得ることができた」

「他の人と考えることがおもしろかった」

……と子どもたちが感じられるようになれば、教師がいなくても、様々な人と関わろうとする姿勢が育つでしょう。「強引につなげる」だけでは、その経験が他の場面で生かされません。いろいろな人と「つながる」ことが自分（たち）の学びをより深めるための「手段」となるようにしたいものです。

悩み 22

見取りの方法

ファシリテートがうまくいくためには、それまでの見取りやカンファランスも大切だと思うのですが、どのような方法がありますか？

ADVICE

子どもたちの学びを「捉える」「探る」の２つの視点で見取っていけるようにします。全員を同じように見ていくことは不可能です。自分なりの見取りやすい方法を見つけていけるようにしましょう。

見取りの重要性

「ファシリテートが大切だ」と思っていても、実際には「その場だけでは難しい」と気づく瞬間があるでしょう。その気づきは、次のステップへの大切な一歩です。その場限りの対応で、すべてがうまくいくわけではありません。私自身、これまで様々な方法を試してきました。

例えば、次のような形です。

・座席表にメモを書き込む
・次の日の板書を想定して考えをメモする
・エクセルにそれぞれの学びの軌跡を書き込む

このように常に「○○するのがいいのではないか」と模索し続けてきました。

もちろん、これらの試みがすべて成功したわけではなく、現在も継続しているものばかりではありません。それでも、一人ひとりの学びの過程を丁寧に見守ることだけは、常に大切にしてきました。子どもたちが「何を理解していて、何が理解できていないのか」「どんなことに興味を持っているのか」を、注意深く見取ることが大切です。そうすることで初めて、子どもたちにとって「今、何が必要なのか」が見えてくるはずです。

そこでまずは、**子どもたちが書いている学習成果物やふり返りを、じっくりと読んでみること**をお勧めします。以前は、一人ひとりのノートを集めなければ、子どもたちの学習状況を把握することは難しかったかもしれません。しかし現在では、ＩＣＴ機器を活用することで、一台のタブレットやパソコンから、子どもたちの多様な考えや学びの軌跡を追うことができます。まずは、ざっと目を通すことから始めてみましょう。少しずつ、子どもたちの学びの変化や成長に気づけるようになるはずです。

特に、授業前に注目しているのは、子どもたちが

「ここがよくわからない」
「ここが気になる」

となっているところです。これは非常に重要なポイントです。子どもたちの疑問やつまずきは、翌日の学びへとつなげていくための貴重な手がかりとなります。さらに、**授業中や授業後には、その子が最終的に理解できたのか、疑問が解消されたのかを再度確認する**ことも大切です。

二つの視点で見取る

見取りを行う際には、次の二つの視点を意識しています。

・「捉える」視点
・「探る」視点

『子どもの見方が変わる！「見取り」の技術』（若松俊

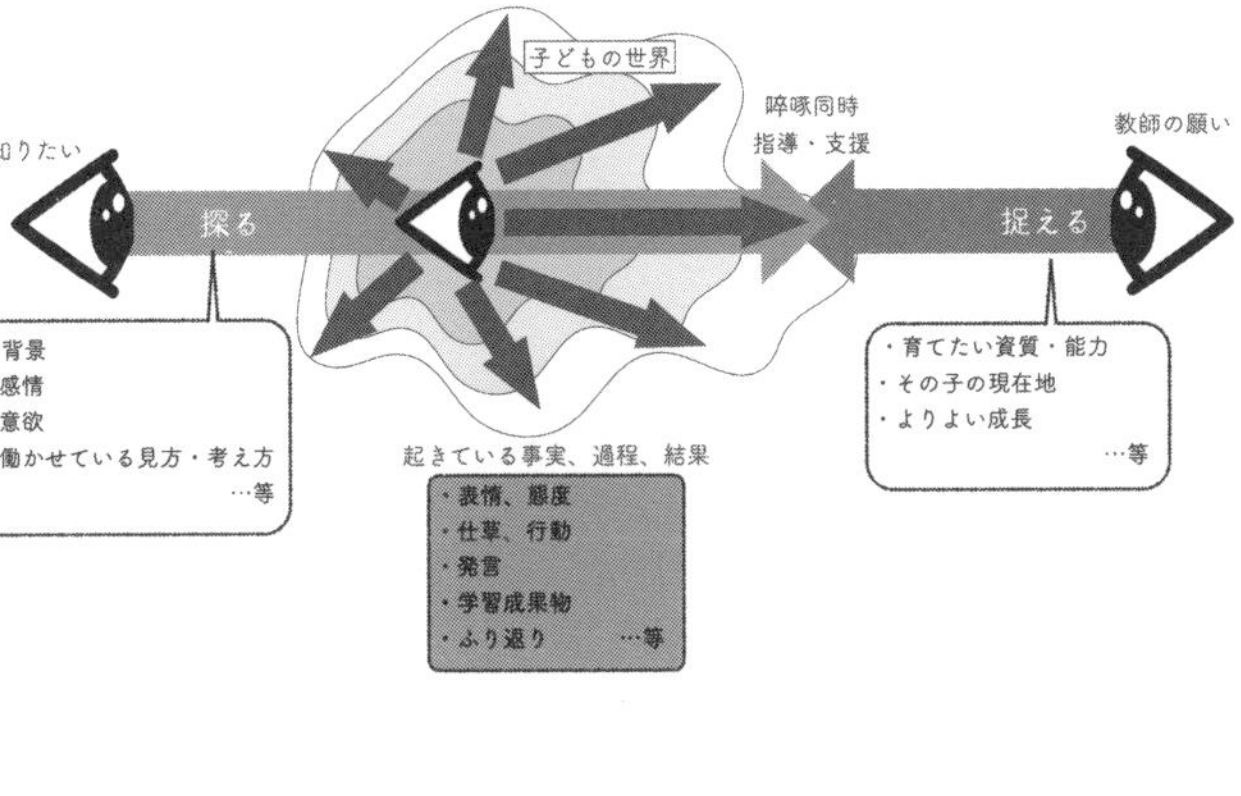

介・宗實直樹著、学陽書房、２０２３）でも、この二つの視点を図解で詳しく説明していますので、ぜひ参考にしてみてください。**子どもたちの「現在の姿」を捉える視点**と、**子どもたちが「これから向かおうとしているところ」を探る視点**、この二つはどちらも欠かせません。

正直なところ、私は他の学級での飛び込み授業は得意ではありません。依頼を受けることも多いのですが、お断りすることがほとんどです。なぜなら、事前の情報なしにいきなり授業を行うことは、私の教育方針に反するからです。私は、子どもたち一人ひとりのこれまでの学びや生活経験を踏まえ、**その子にとって「今、本当に必要な指導や支援、場づくり等」**を常に考えています。子どもたちの状況を深く理解しているからこそ、適切な声かけや指導、支援ができると信じているからです。

もちろん、いきなり教室に入っても、子どもたちの現在地や願いを的確に見抜ける先生もいるかもしれません。しかし、私にはそのような能力はありません。だからこそ、これまでの子どもたちの学びや、一人ひとりの個性について、深く理解しようと努めているのです。

見取りを大切にした上で、子どもたち一人ひとりにとって必要な指導や支援を考えていこうとしても、時には「うまくいかない」こともあるでしょう。私自身も、日々そのような壁にぶつかることがあります。子どもたちとの間にズレを感じた時には、

「もっとこうすればよかったなぁ」
「こんな風に指導や支援をすればよかったかも」
「次に同じような場面に出会ったら、どうしたらいいかな」
「あの時、この子はどんなことを考えていたんだろう」
「自分の願いは子どもたちの学びの過程とどうズレていたのだろう」

……とふり返ることが大切です。そうしたふり返りを通して、子どもたちへの理解がさらに深まり、見え方が変わってくるはずです。

このような地道な努力を続けることで、日常のふとした瞬間に、子どもたちの新たな一面が見えてくるようになるでしょう。子どもたちのことで「見える」ことも増えていくのだと思います。子どもたちを見る目を養い、教師として日々成長していくことを大切にしたいものです。

悩み23

教師の思う方向に……

ファシリテートにおいて、子どもたちの「学びのつながり」を意識しているつもりでも、どうしても教師の思う方向に持っていってしまいがちになります。どうすれば、子どもたちの学びを自然につなげていけるようになりますか？

ADVICE

「教師の願い」を出そうとすることを恐れてはいけません。思う方向に持っていこうとすることも大切にしましょう。その上で、子どもたちの「向かおうとするところ」も同時に大事にしていけるようにします。

教師の出方に悩む

単元を通して子どもたちの学びのつながりを意識しようとしていることは、とても大切なことです。「子どもたち自身が自然と学習していける過程をつくっていきたい」と願うからこそ、教師としての指導や支援について迷われているのでしょう。その中で、どうしても教師自身の思う方向に持っていってしまうことは、誰にでもあることです。それは必ずしも悪いことではありません。

先ほど述べた見取りの話でも触れましたが、**教師自身の願いを持つことは大切**です。だからこそ、「教師の思う方向に持っていけている」のであれば、それは決して問題ではありません。むしろ、問題となるのは、

・「教師の思う方向に持っていけている」と勘違いしている
・教師の思う方向に持っていこうとしても、子どもたちがついてきていない

……といった場合なのではないでしょうか。

それは、先ほど139頁で述べた「見取りの視点」において、**「探る」という視点が足りない**のかもしれません。子どもたちが向かおうとする方向や学習の流れをきちんと捉え、探っていかなければ、子どもたちの学習の流れを無視してしまうことになりかねません。

教師として、「この視点を子どもたちに与える必要がある」と感じたなら、自信を持ってその方向に導いてよいでしょう。それは、子どもたちにとって不足しているピースとなり、教師の働きかけをきっかけに、子どもたちは視点を広げたり、考えを深めたりすることができるはずです。このような出方であれば、子どもたちは「先生が何か言っているけれど、よくわからない」と感じることはないはずです。

ただし、もし「教師の出方が強引になりすぎる」と感じることがあれば、それは確かに問題かもしれません。そこで、子どもたちが新たな視点を得られるような、**様々な出方の選択肢**を持っておくとよいでしょう。

・子どもたちのふり返りを共有する
・グルーピングでいろんな視点を持っていると出会えるようにする

・グループで話し合う時にそれぞれの考えを共有する
・大事な言葉や情報を伝える
・みんなが悩んでいることについて一緒に考えられるようにする

……など、教師の出方にはいろいろな方法があると思います。子どもたちが気づく、掴み取っていく過程を大事にしていくために、今どの出方が一番よいかを考えて選んでいきます。個別に、グループに、全体に……と、その範囲もまた同様に、悩みながら「一番よさそう」なものを選びます。

一時間の授業でもいろんな出方があります。

・子どもたちの考えを比べて整理し、新たな視点に気づくことができるようにする
・重要なキーワードを板書し、共通理解を深める
・具体的な事例や体験談を共有し、理解を促す
・子どもたちの新たな「問い」を受け止めて、注目できるようにする
・学習していることについて、言語化できるようにして「わかったつもり」の内容にも

気づけるようにする

……といったものがあります。**子どもたちがこれまでの学習で見えていないことが見えるようになるような出方**を見つけていきます。

それでも自身の出方について反省することは多いです。ただ、後でふり返った時に「子どもたちの学習の流れを無視してしまったな」と思うことがあれば、「次はどうすればよかったか」と考える良い機会です。学び続けていれば、きっと子どもたちにとって自然な学習展開や、より良い指導や支援、場づくりの方法が見つかるはずです。

教師の主体性と「共主体」

正直なところ、「どの学級でもうまくいく『自然な学習の流れや展開』」を提示することはできません。なぜなら、目の前の子どもたち一人ひとりの学びや生活経験は異なるからです。だからこそ、目の前の子どもたちと共に過ごす教師自身が、試行錯誤を積み重ねるしかありません。常に目の前の子どもたちとのズレを意識し、自分には何ができるのか、次にはどんなことができそうかを考え続けることが大切です。
また、保育の世界では**「共主体」**という考え方があります。

【共主体】とは端的に言えば、「子どもと大人の主体がバランスよく共存、融合している主体」のこと。さらに言えば、「互いに学び、ともに成長し合う主体」という意味です。（おおえだ、2023）

この考え方は、小学校や中学校での教育にもつながります。子どもの主体性ばかりを考えるのではなく、教師もきちんと主体性を持って子どもたちと共に学んでいくことが重要になります。教師自身の願いを持つことや、どのように関わっていくかを考えることに抵抗を持たず、子どもたちと一緒に学びをつくり上げていくことを大事にしたいものです。

教師が直接的に指導や支援することを恐れてしまうと、子どもたち任せになってしまい、その学びが曖昧なものになってしまうでしょう。そうではなく、**教師も主体性を持ちながら、子どもたちと共に、それぞれの主体性を尊重し合いながら学びをつくり上げて**いきたいものです。

悩み 24

ふり返りの意味を感じられるようにするには？

教師に言われて、仕方なくふり返らされている子が一定数生まれてしまいます。子どもたちがふり返りをする意味を感じたり、実感できたりする場を、授業の中でつくっていくためにはどうしたらよいでしょうか？

ADVICE

「ふり返る意味がわからない」子の思いを受け止めた上で、「ふり返り」と「成長」のつながりを見つけてフィードバックしていけるようにします。「ふり返るよさ」を実感できる機会をつくるようにしましょう。

子どもたちとふり返り

教師が「こんな風にふり返ってほしいな」「ふり返りにはとても大事な意味がある」と思っていても、子どもたちが日々の中でふり返りのよさを実感できていなければ、形だけのふり返りになってしまうのは仕方のないことです。いきなり全員がきれいにふり返りを書ける、なんてありえません。


「ふり返りって何のためにあるのだろう？」

「そもそも、ふり返るってどういうこと？」

「ふり返りの意味なんてわからない」

「面倒くさいな」


と感じる子がいて当然です。ふり返りの時間をつくっても、すぐにふり返るのをやめてしまったり、なかなか書こうとしなかったりする子もいるでしょう。これはとても自然な姿です。まず、**こうした状況が当たり前だと考える**ことから大切にしたいものです。ふり返りが大事だと言われたら、「ふり返りを書けるようにしたい」という思いが湧くのも無理はありません。しかし、そんなことは簡単に実現できるものではありません。これまで繰り返し述べているように、子どもたちが何か「意味を実感する」ことができなければ、それを大事にしようともしないでしょう。

教師自身もふり返りを

読者の皆さんは、なぜふり返りが必要だと思っていますか？

「自己調整学習にはふり返りが必要だ」
「子ども主体の学習においてふり返りが大切だ」

……と、ふり返りに注目するようになった理由は人それぞれでしょう。「ふり返り」という言葉が強調されることで、何か「ふり返らなければならない」と感じるかもしれません。

しかし、それは本末転倒です。

ふり返りを大切にしようと思うなら、**まずは教師自身がきちんとふり返りをしているかどうか**が大きな問題です。もし教師自身がふり返りをしていなければ、その価値や、ふり返りができるようになる過程をイメージできないでしょう。それなしに「ふり返りは大切だ」「ふり返らなければならない」と子どもたちに求めるのは、おかしな話です。ふり返ることが、自分の成長や学びにおいてどのような価値があるのか、まずは教師自身がきちんと感じられるようにしたいものです。

ふり返りの必要性

文部科学省も、ふり返りの必要性について次のように述べています。

学びを通じた子供たちの真の理解、深い理解を促すためには、主題に対する興味を喚起して学習への動機付けを行い、目の前の問題に対しては、これまでに獲得した知識や技能だけでは必ずしも十分ではないという問題意識を生じさせ、必要となる知識や技能を獲得し、さらに試行錯誤しながら問題の解決に向けた学習活動を行い、その上で自らの学習活動を振り返って次の学びにつなげるという、深い学習のプロセスが重要である。

（文部科学省「教育課程企画特別部会　論点整理」８頁、２０１５年）

今、大切にしようとしていることが、どのように大切なのかをきちんと理解することで、子どもたちのふり返りを支えるために重要なことを見つけていけるでしょう。最初はふり返りの意味がわからない子の方が多いかもしれません。実際、私の学級でもそのような状況です。そこで、初期の段階で子どもたちに

「ふり返りの意味ってどのようなものだと思う？」
「ふり返りって、実際どのように感じている？」

と問いかけて、「ふり返りの意味」だけでなく、**「ふり返りの面倒なところ」**についても、考えを聴き合える場をつくっています。子どもたちからは

「何を書いたらいいのかわからない」
「ふり返りを書く意味がわからない」
「ふり返ってもいいことがない」

など、いろいろな意見が出てくるかもしれません。そうした気持ちを表出する機会がなければ、自分の中で抱え込み、悶々としていたかもしれません。しかし、こうしてお互いに言えるようにすることで、子どもたちは「自分だけじゃなかったんだ」と思えるようになります。

子どもたちが「うまく書けない」「意味がわからない」と感じることに共感しながら、共にふり返りを書く意味を見つけていけるようにしたいです。全員がすぐにふり返りの意味を感じられるようになるとは思いませんが、教室の中で少しずつその意味を自分の学びや成長と結びつけて考えられる子が出てくるはずです。

こうした思いや考えを学級全体で共有することで、少しずつ他の子も「ふり返りには何か意味があるのかもしれない」と考えるようになるでしょう。少しずつ、その子が自分にとってふり返る意味を形づくっていく過程を支えていきたいものです。

悩み25

表面的なことしか書けない子には……

ふり返りを詳しく・深く書ける子と、表面的なことしか書けない子の差が大きくなってしまいます。自分で深くふり返りを書けない子には、どのような支援をしていけばよいでしょうか？

ADVICE

現在の姿をきちんと受け止めた上で、互いに質問したり、教師が問いかけたりして、より深く見つめ直すことができるようにしましょう。そこから少しずつ「自問自答」できるように支えていきます。

ふり返りの質の差

子どもたちがふり返りを書けるようにと取り組んだ際、最初から丁寧に詳しくふり返りを書ける子と、あっさりとしか書けない子の差に驚くことがあるかもしれません。子どもたちのこれまでの経験や知識、技能の違いによって、ふり返る力には当然ばらつきが出ます。表面的にしか書けない子がいることに悩む気持ちはよくわかります。

「なぜこんなふうにしか書けないのだろう」
「もっと詳しく書けるようになってほしい」

と教師が願うのは自然なことですが、その願いをそのまま押し付けるのはよくありません。今、その子が書ける内容が限られているのであれば、それはその子にとっての精一杯のふり返りです。それを否定するのではなく、**そのふり返りがその子の現時点でのすべてであることを理解し、そこから少しずつふり返る力を育てていくために、必要な指導や支援を**

行っていきましょう。

詳しく書ける子は一旦置いておき、まずは表面的なことしか書けない子に目を向けていきます。例えば、

「楽しかった」
「おもしろかった」
「よくわかった」
「わからなかった」

といった感想のようなことしか書けない子が多いのではないでしょうか？「感想しか書けない」ということが起きても、それは仕方のないことです。先生としては、理想的なふり返りを書いてほしいと思っているかもしれませんが、子どもたちはその「理想の姿」を知りません。まずは自分の感じたことや考えたことを素直に書こうとします。それが「おもしろかった」「楽しかった」などの表現なのです。ですから、**まずは現時点で何かしら表出できていることを大切にする**ことが必要です。

「感想」から「ふり返り」へ

先生の中で、感想からふり返りへとステップを踏んで成長していけるような**見通しを持つ**ことが重要です。感想から始めて、次第に学びのふり返りへとつなげていく過程としては、次のような段階が考えられます。

① **感想を書く**：自分の感じたことや考えたことを表現する。
② **ふり返ることで学び直す**：自分の学びを再確認する。
③ **ふり返ることで新たな気づきを得る**：学びの中で新しい発見をする。
④ **ふり返ることで新たな問いが生まれる**：さらなる探究心を育てる。
⑤ **ふり返ることでより良い学習法を見つける**：学び方を改善する。

（参考：田村学『深い学び』東洋館出版社、２０１８）

このように、まずは感想を書くことからスタートし、少しずつ成長していくことを大事にしていきたいものです。それは、授業でふり返ることの意味をきちんと捉えているからこそ可能です。順序としては、まず**学習内容を確認**し、それを**現在や過去の学びと関係づけて一般化**し、最終的に**自己変容を自覚**するように導きます。こうした流れの中で、子どもたちがふり返りの価値を実感できるようになるでしょう。

例えば、「○○して楽しかった」「○○がおもしろかった」といった感想しか書けない子には、

「どんなことが楽しかったの？」
「どんなことがわかったの？」
「どんなことに困ったの？」

といった**問いかけをしながら、感想から少しずつふり返りへとシフトできるよう支えます。**いきなり深い内容を書けるようにするのではなく、問いかけを通じてその子どもが少しずつ言語化できるようにしていきます。声に出して考えるだけでも構いません。こうした問いかけを繰り返すことで、子どもたちは次第にふり返る視点を持つようになります。

その視点が生まれてきたら、**学級全体で共有する**のもよいでしょう。ふり返りの視点を目的と照らし合わせながら整理して提示し、「これを全部書きましょう」と求めるのではなく、子どもたちが少しずつ得た視点をもとに、一緒に整理しながら進めることでふり返りの質を高めていきます。

このように、視点を意識することで、子どもたちはふり返りが実際の学びにどうつながっているのかを理解することができます。その結果、表面的なふり返りから中身のあるものへと変化していくでしょう。この過程は、「くわしく書ける子」にも当てはまります。教師が「ふり返りの成長」に関する見通しを持っていれば、「その子にとって次にどんな声かけが必要なのか」が見えてくるはずです。今のレベルから少し次のステップに進むために、どのような問いかけが有効かを考え、指導や支援を行っていきましょう。

悩み 26

ふり返りの記述量が少ない

子どもたちがふり返りに書く量が少なかったり、文章力にも質が左右されたりして、読み取れることが少ないです。どうすれば、ふり返りの量や質が上がっていきますか？

ADVICE

ちょっとずつ自問自答できるようになれば、ふり返りの量も増えていきます。具体的な文字数を指標にするのもよいでしょう。その子自身が「目指す」ものがあることで、できることも増えていきます。

理想と現実

「ふり返りをたくさん書いてほしい」という気持ちはとてもよく理解できます。セミナーや研修、教育書などで紹介されている例は、しっかり書けている子のふり返りが多いため、「自分のクラスの子たちも、こんなふうに書いてほしい」と思うのは自然なことです。しかし、現実には少ししか書けていない子のふり返りを見て、「なぜこんなに書けないのだろう」と感じてしまうこともあるかもしれません。

ただ、先ほども述べたように、ふり返りは一朝一夕でたくさん書けるようになるわけではありません。子どもたち一人ひとりの今の姿をしっかりと見取り、その歩みを大切にしていくことが必要です。「こんなふうに書いてほしい」という願いを持つことは大切ですが、理想の姿と比較して子どもたちを評価してしまうと、無理やり「ふり返りを書かせなければならない」というプレッシャーが生まれ、教師も子どもたちも疲れてしまいます。

例えば、次頁に示すある子のふり返りを見てください。今ではたくさん書けているので「すごいな」と思う先生も多いでしょう。しかし、その子の四月の姿は違いました。最初は、記述量も多くなく、決して詳しく書けていたわけではありません。次頁にその子の最初のふり返りを載せます。少しずつ書く量が増えていったのは、**常にその子の今の姿を見ながら声かけを続けてきた結果**です。

実際、ふり返りの記述量については、子どもたち自身が意識できるように、年度当初によく指導や支援を行っています。一行や二行ですぐに「もう書けた」と思ってしまう子もいます。それがその子にとっての精一杯かもしれませんが、少しずつ視点を与えることで書く量が増えていきます。

また、最初の段階では**「ふり返りをふり返る」**という活動もよく行います。例えば、五分間ふり返りを書いた後、お互いに自分のふ

わたしは、236・237ページのところを話し合ったりして、大造じいさんも悲しさはないし、残雪にもないんじゃないかなぁと思います。なぜなら、残雪は、檻から出た時は、驚いたと思います。それは教科書に「残雪は、あの長い首をかたむけて、とつぜんに広がった世界におどろいたようでありました。」と書いてあったから驚いたけど、飛び始めるとまた大造じいさんと戦いたいと言う気持ちになってワクワクしているんじゃないかなぁと思います。それは、人間も言葉がわかるのなら、大造じいさんが言っていた、「また堂々と戦おうじゃあないか。」と言うところでまた戦いたいと言う気持ちになるし、また来年も会えると思うから、寂しさはないんじゃないかなぁと思います。それから、大造じいさんは、最後の文の２行目に、「晴れ晴れとした顔つきで見守っていました。」と言うところが悲しさがあるのなら、晴ればれとした顔つきではないと思うからです。でも、ハテナがあって、なぜ最後に改行して、「いつまでも、いつまでも、見守っていました。」と書いているのかです。なぜなら、いつまでも…と言うところはなくしても終わり方は変ではないと思うから、どうして椋鳩十さんはいつまでも…と書いているのか気になります。

り返りを見合う時間をつくります。共有できる内容であれば、隣の人に

「どんなことがわかったの？」

「どんなことが気になったの？」

「もう少し最後の部分をくわしく知りたい」


といった質問や意見をし合えるようにして、その後もう一度ふり返りを書く時間をつくります。こうすることで、隣の子からの質問をもとに、さらに自身のふり返りを深めていくことができます。自分で自分に問いかけながらふり返りを書く癖がない子でも、**他の子から問いかけられることで自分の考えを掘り下げることができるようになります。**

> わたしは、みんなで話し合って、最後全部の、ハテナを話し合ったのだけど、とまどったハテナがありました。それは、「春花は、馬に名前をつけられなかったから悲しんでいるのに、明るく話せたのか」です。それから、わたしは、まだ話し合う時間が欲しいです。何故なら、気になることがまだあるからです。

その後、「ふり返りが少し増えた人は？」と問いかけると、ほとんどの子が手を挙げるでしょう。その際、なぜふり返りの記述量が増えたのかを聞いてみると、

「もっと詳しく書こうと思った」
「なぜそう思ったのかを書こうと思った」
「他の人の考えから影響を受けたから」

といった理由が出てきます。こうした意見を黒板（ホワイトボード）に整理し、写真に撮っておくとよいでしょう。別の日にふり返りを書く際、この写真を見せるだけで、子どもたちは再びその視点を意識しながら書けるようになります。

ふり返りの量と質

ただし、「ふり返りの記述量が増えること」自体が目的ではありません。もしふり返りが「書けたつもり」で終わっている子がいるならば、もう少し自分に問いかけながら、さ

らに掘り下げて書くことを促していきます。**自分自身に問いかける習慣を、様々な機会を通じて養っていく**ことが大切です。

また、最近ではタブレットPCを使ってふり返りを書く際に、文字数が表示されることもあります。子どもたちはこの文字数を見ながら、自分なりに目標を立てることができるようになります。例えば、「二百文字は書けるようにしよう」と目標を立て、それに向かって書くようになります。

もちろん、文字数が増えればよいというわけではありません。しかし、指標を持つことで「ここまでは書きたい」と意識することができます。実際に目標を達成した時に喜ぶ姿も見られます。こうして、**自分の記述量を自分で意識できるようにする**ことが大切です。教師だけが「もっと書けるようになってほしい」と願うよりも、子どもたち自身が「もっと書きたい」「もっと考えたい」と思えるように促し、支えていきたいものです。

悩み 27

ふり返りの時間が足りない

ふり返りに時間がかかり、五分程度では書ききれない子がたくさんいます。授業時間が限られている中で、ふり返りの時間をどのように確保していけばよいでしょうか？

ADVICE

「本当に五分間でなければならないのか」を考えるようにします。ふり返りが大事なのであれば、十分に時間を用意しましょう。また、授業以外にも「ふり返る」ことが自然に行われるようにしたいものです。

ふり返りを書く時間

ふり返りを書く際に起こる「時間が足りない」には、二つのパターンが考えられます。まず一つ目は、**「書き始めに時間がかかり、その結果、時間が足りなくなる」**場合です。ふり返りを書くことに慣れていないと、最初にどう書けばよいか悩んでしまい、書き始めるまでに時間がかかってしまいます。そして、ようやく書き始めたところで時間が終わってしまい、「全然時間が足りない」という状態になります。

この場合、四月当初や、ふり返りを意識し始めた時期には、少し多めに時間を取ってあげてもよいかもしれません。授業の展開部分に十分な時間を設けることも大事ですが、**ふり返りを書くことに慣れるように時間を確保すること**も同じくらい大切です。

もちろん、いつまでも多くの時間を取っていては、他の授業時間が足りなくなるかもしれません。しかし、最初は多めに時間を取ることで、子どもたちはふり返りを書くことに集中できるようになります。余裕のある時間の中で書くことで、「ふり返りを書く時間を大事にする」という習慣が少しずつ育まれていくでしょう。

また、書き始めに時間がかかる子には、まず何を書こうか**隣の人と相談できるようにする**のも良い方法です。「ふり返りを書く」という行為はなかなか難しいものです。まずは「誰かに話す」ことで、自分が書こうとしていることや考えていることが整理されやすくなります。こうした時間を少しつくるだけで、書き始めるのがスムーズになる子もいるでしょう。

さらに、ふり返りの視点を提示し、

「今日はどの視点で書いてみたい？」

と問いかけることで、子どもたちはふり返りの焦点を絞りやすくなります。「自由にふり返りを書いてごらん」では、かえって戸惑う子もいます。自分なりに「こんなことを書きたい」「こんなことをふり返りたい」と考えられるように導いていきたいものです。

こうした工夫を続けることで、子どもたちは少しずつ自分でふり返りのポイントを見つけながら書けるようになっていきます。ふり返りを書くことに慣れるまでは、こうした時間を大切にし、じっくり取り組むことが重要です。

時間を調整する

二つ目は、**「ふり返りを書く量が増えてきたことで、五分では全然足りない」**という場合です。チャイムが鳴っているのにふり返りを書き続けてしまうこともありますが、これもまた問題です。こうした場合、授業内容によっては、子どもたちが自分でふり返りの時間を調整できるようにするのもよいかもしれません。

「五分間」という時間は、教師が決めたものにすぎません。ふり返りを書くことに価値を感じている子どもにとっては、もっと時間が必要な場合もあります。そのような時は、**授業の後半部分でふり返りを書く時間をきちんと確保**できるようにします。これにより、子どもたちは余裕を持ってふり返りを書けるでしょう。

また、**家庭学習でふり返りを書く**ことを取り入れるのも一つの方法です。これは「授業の残りを家に持ち帰らせる」という意味ではありません。子どもたちが学校での学びをさらに深めるための機会をつくるということです。例えば、学校で書ききれなかったことや、もっと掘り下げたい内容を家庭学習として取り組めるようにします。宿題が必ずしも決まった内容ではなく自由度がある場合、子どもたちは自分自身で学校と家庭の学びをつなげられるようになります。

「学校では時間が足りなかったけれど、家で改めてふり返りたい」という気持ちを大切にすることで、子どもたちは自分の学びを深めることができます。もちろん、家庭学習に一時間や二時間をかけるのは問題ですが、

「もう少し時間をかけて考えたい」
「もっとふり返りたい」

という気持ちがあれば、それは自然なことであり、むしろ推奨されるべきです。

家で時間を置いてふり返ることで、新しい発見をする子どもも出てくるでしょう。子どもたちにとって、ふり返りたくなるタイミングはそれぞれ異なります。**教師が決めた五分間の中でしかふり返りを許さないというのは、それこそ不自然**です。子どもたちにとってのふり返りの時間をもっと柔軟に考え、その機会を大切にしたいものです。

ただし、時には時間を絞って書けるようにすることも重要です。例えば、

「五分間で書けることを書いてみましょう」
「限られた時間の中で、よりシンプルにふり返ってみましょう」

と声をかけることで、子どもたちはその時間内に要点を絞って書く習慣をつけることができます。状況に応じて、ふり返りの内容や時間を調整する方法を子どもたち自身が見つけていくことが大切です。

「五分間」という制限があると、窮屈に感じることもあるかもしれません。しかし、実際に子どもたちが自然とふり返りを行えるようになれば、その後も自発的にふり返りを続ける子が増えてくるでしょう。教師が用意したふり返りの時間だけがすべてではありません。その後も頭の中で考えたり、他の人と話したりしながらふり返る機会を大切にし、子どもたちが学びを深められるように支援していきたいものです。

「単元構想」のなやみ方

「歴史の学習」を構想する（六年・社会）

歴史の学習を通して、子どもたちが未来を創造するために

六年生の担任を持つ時、私はまず**「一年間を通して各教科でどんなことを学ぶのか」という、子どもたちの学びの全体像**をつかむようにしています。それぞれの教科での学びがどのようにつながり、子どもたちの成長にどんな影響を与えるのかを理解することは、子どもたちの「深い学び」へとつながる授業づくりの第一歩だと考えるからです。

今回は、その中でも特に「歴史の学習」について、どのように授業を組み立てていったのか、その過程と試行錯誤をお伝えしたいと思います。

歴史の学習を進めるにあたり、私は単に「縄文時代」や「弥生時代」といった個々の時代に関する歴史的事象を教えるための方法を考えるだけではなく、

・一年間を通して、子どもたちが何を学べるようになればいいのか
・各単元の学習内容はどのようになっているのか
・どうすれば子どもたちの学びがつながっていくのか
・子どもたちにとって自然な学習の流れとはどのようなものか
・「テストのため」で終わるのではなく、自身の生活や社会につながるような学習にするためには、どうすればよいのか

……といった「問い」をもとに、「歴史の学習」を丸ごと捉えながら単元構想を考えました。**子どもたちにとって自然な学習の流れを意識した単元構想にするためには、なるべく大きく捉えられるようにすることが重要**です。

その結果、「歴史の学習」を決して断片的な知識の習得で終わらせるのではなく、

・歴史を学ぶ意味を子どもたち自身が発見できるようにすること
・子どもたち一人ひとりの生活や社会と結びつけながら、学習を進められるようにすること

を目指すようになりました。

これまで、「断片的な知識の習得」になってしまうような学習の場づくりをしてきたことを反省し、子どもたちがより自由にダイナミックに学べるようにしたいと考えました。

もちろん、「何でも自由にすればいい」「自由に学べるようにすれば子どもたちは楽しく学べる」というわけではありません。学習指導要領と解説を読み込み、歴史の学習全体を通して育てたい資質・能力を把握します。どの教科でも、まずは学習指導要領とその解説を丁寧に読むことが大切です。それは単に「何を教えるべきか」を知るだけでなく、**その背後にある教育的な意図や目標を理解する**ためです。

今回の歴史の学習では、解説に書かれている「歴史を学ぶ意味を考え、表現できるようにする」という部分に特に注目しました。解説にはさらに、次のように書かれています。

例えば、我が国の伝統や文化は……過去の出来事と今日の自分たちの生活や社会との関連や、歴史から学んだことをどのように生かしていくかなど国家及び社会の発展を考える（「小学校学習指導要領（平成29年告示）解説　社会編」110頁）

これらの言葉は、歴史の学習が単に過去をふり返るだけでなく、未来を創造していくための学びであることを示唆しています。単に歴史的事象を暗記するだけの学習ではなく、子どもたちが歴史から学び、考え、そして未来を展望できるような、より深い学びを目指したいと考えました。

教師自身が歴史を学ぶ意味を問い直す

「歴史を学ぶ意味を考え、表現できるようにする」ことは、子どもたちだけができればよいわけではありません。教師自身がまず「歴史から何が学べるか」「なぜ歴史を学ぶのか」といった、**歴史を学ぶ目的や必要性を深く問い直す**必要があります。そうすることで、歴史上の人物の働きや願い、生活の様子、外国との関わり、政治の仕組みなど、様々な視点で「日本の歴史」と現代社会や自分の生活とつなげることができます。

教師自身が歴史への探究心を持ち、学び続ける姿勢を示すことは、子どもたちの学びにも良い影響を与えられると信じています。子どもたちと共に「日本の歴史」を学ぶ目的を考えられる教師でありたいと思います。

「歴史を学ぶ目的」やそれを大切にした授業について、皆さんはどのようなことを考えますか。正直なところ、以前は「教科書の見開き二ページの内容を一時間で教える」といった学習の流れをつくることが多かったです。しかし、この方法では、どうしても子どもたちの学びが断片的になって

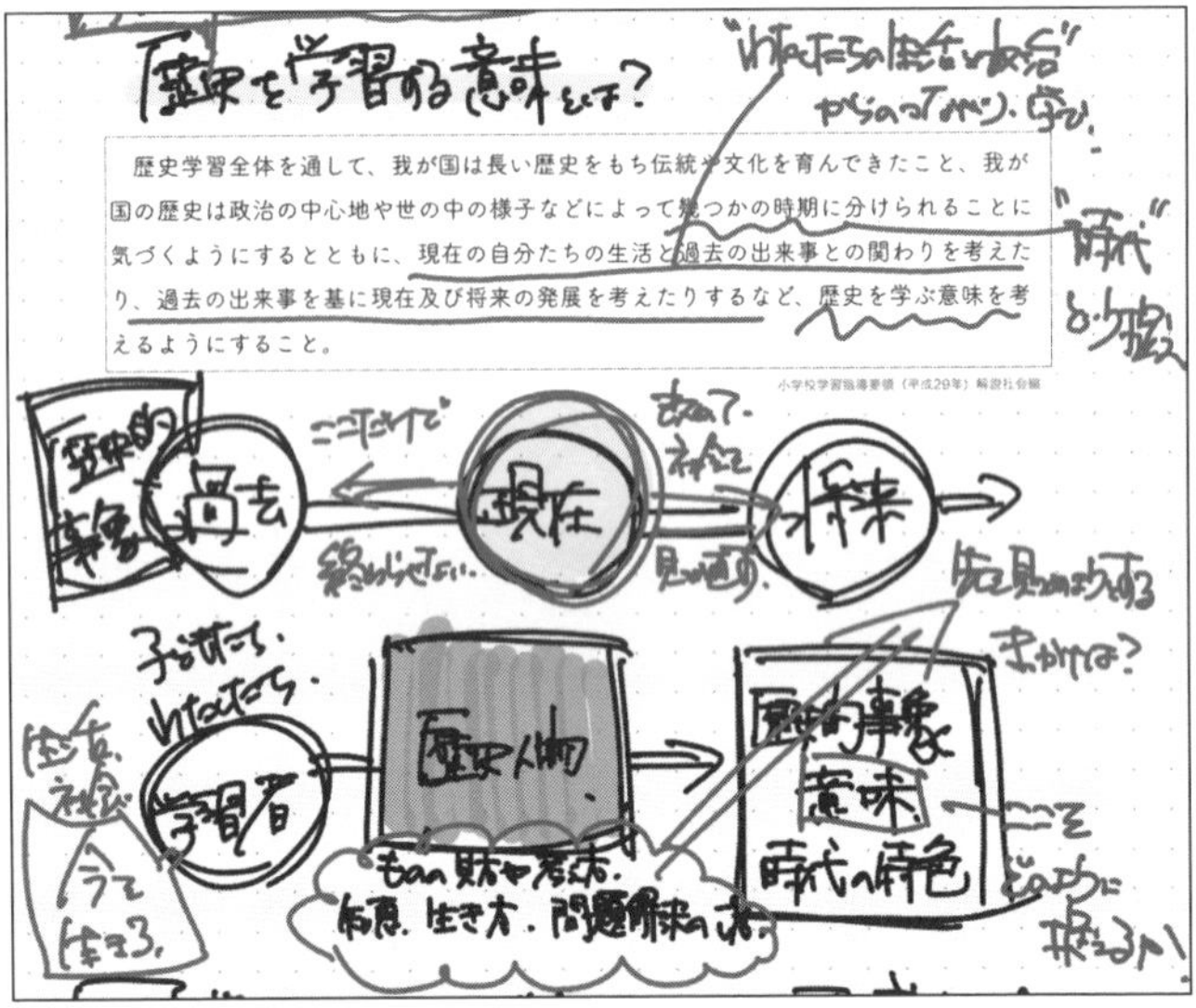

しまい、子どもたちが歴史を学ぶ目的や意味を見失ってしまうという課題がありました。前頁のノートの写真は、教材研究をしていた時のものです。解説にある

歴史学習全体を通して、我が国は長い歴史をもち伝統や文化を育んできたこと、我が国の歴史は政治の中心地や世の中の様子などによって幾つかの時期に分けられることに気付くようにするとともに、現在の自分たちの生活と過去の出来事との関わりを考えたり、過去の出来事を基に現在及び将来の発展を考えたりするなど、歴史を学ぶ意味を考えるようにすること

（「小学校学習指導要領（平成29年告示）解説　社会編」第2〔第6学年〕3の(2)のキ）

を中心に、歴史を学ぶ目的や必要性を整理しました。

・歴史を学習する意味とは？
・今までも何かしらその意識はあった？
・子どもたちが未来を見つめるきっかけとは？

・公民を学んだ子どもたちは「今」との違いから何を感じるだろう?

こうした「問い」を常に意識し、自身の考えを整理して書き留めるようにしています。様々な歴史に関する文献を読むことで、私自身が「歴史を学ぶっておもしろい」と感じるようになりました。自分の中で「歴史を学ぶ目的」をはっきりさせることで、子どもたちとの学びのイメージもできました。教師自身が歴史への情熱を持つことで、その熱意は子どもたちにも伝わり、共に学びを深めていくことができるはずです。

小学校の社会科の学習では、歴史上の人物に焦点を当て、その人物の視点から物事を見て、考え、知恵を学び、問題解決の方法を探ることが大切です。小学校では歴史のすべてを網羅することは難しいですし、それを求めるべきではありません。しかし、子どもたちが歴史を学ぶ目的を持てば、自分の学びの軸を持ち、そこから得られる知識や情報を自分なりの軸で重ねてつなげていくのではないかと考えました。

このような単元構想をすることによって、子どもたちは歴史を学ぶ意味や目的を自ら問い直し、学びを深めながら、未来を見つめることができるようになるでしょう。単元ごとの探究のスパイラルだけでなく、全体の学びのスパイラルをつくることで、子どもたちはより自然に、そして主体的に学んでいくのではないかと考えました。

実際の授業の流れ

こうした単元構想をもとに、実際にどのように授業を進めていったのか、「歴史の学習の導入」に関わる内容を紹介します。

⓪公民の学習を土台に

歴史学習に入る前に、まずは公民的分野の学習を行いました。子どもたちは

「憲法がなくなったらどうなるのかな？」
「税金はどのように使われるのがよいだろう？」
「国民にとってより良い政治とは？」

といった「問い」を持って学習を進めました。教科書を何度も読み返したり、友達と議論したり、ニュースなどに目を向けたりしながら、学び続ける姿勢が見られました。

また、すべて解決して終わるのではなく、**あえて「問い」を残す**ようにすることで、歴史の学習への橋渡しとなるようにしました。例えば、「憲法がなくなったらどうなるのかな？」という「問い」は、実際に憲法がなかった時代の生活や社会の仕組みについて学ぶことで、改めて「憲法がある意味」について考えることができます。**「現代社会の課題や仕組み」に関する学びや「問い」があることで、絶えず日常生活や社会とつなげながら歴史を学ぶことができるでしょう。**

①【導入】「日本の歴史」への興味関心を持てるように

まず、子どもたちに「『日本の歴史』と聞いて、どんなことが思い浮かぶ？」と問いかけました。子どもたちは、グループごとにホワイトボードアプリを使って意見交換を行い、「日本の歴史」について意識や興味を持ち始めることができました。

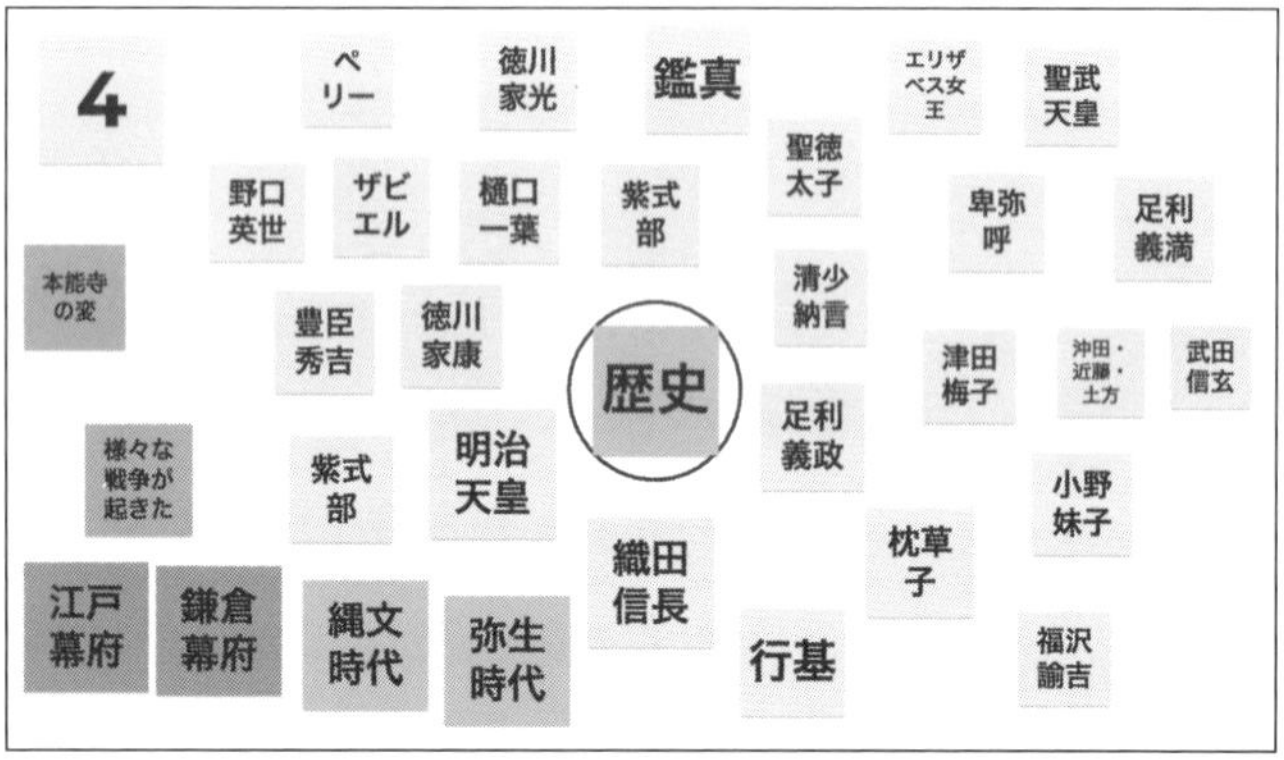

子どもたちは「織田信長」「江戸時代」「平安京」など様々な言葉を書き出し、それをきっかけに「その名前は聞いたことがある」「どういう出来事なの?」といったやり取りが生まれていました。

子どもたちは「歴史」という言葉やその内容について何も知らないわけではありません。だからこそ、自由に「知っていること」を出せるようにすることで、子どもたちにとっての「歴史の学習」への扉を開くことができるようにしました。

②【展開】「日本の歴史」を学ぶ目的を共に考える

次に、「歴史ってどんなことを学ぶのだろう?」と問いかけて、子どもたちが歴史を学ぶ目的を自分たちなりに考えられるようにしました。こちらもホワイトボードアプリを使って意見交換を行えるようにすると、子どもたちは

「昔の人の暮らしを知ることで、変化を感じることができる」

「日本の歴史と今の生活がどうつながっているか考えることができる」

などと考え始めました。教師が一方的に「歴史を学ぶ目的」を伝えるのではなく、子どもたち自身が考え、意見を共有する場をつくることで、より「自分ごと」にしていけるようにしました。

③【まとめ】歴史の学習を通して考えたいことを表現する

最後に、子どもたちが「歴史の学習を通して考えたいハテナ」を書く時間をつくりました。子どもたちは、**「昔の政治と今の政治のつながりを考えたい」「今の自分たちの行動につなげられることを見つけたい」「どうやって今の社会になったのか、その変化のきっかけを知りたい」**と表現しており、こうした「問い」が各単元での学びを支えるものになっていくと考えました。

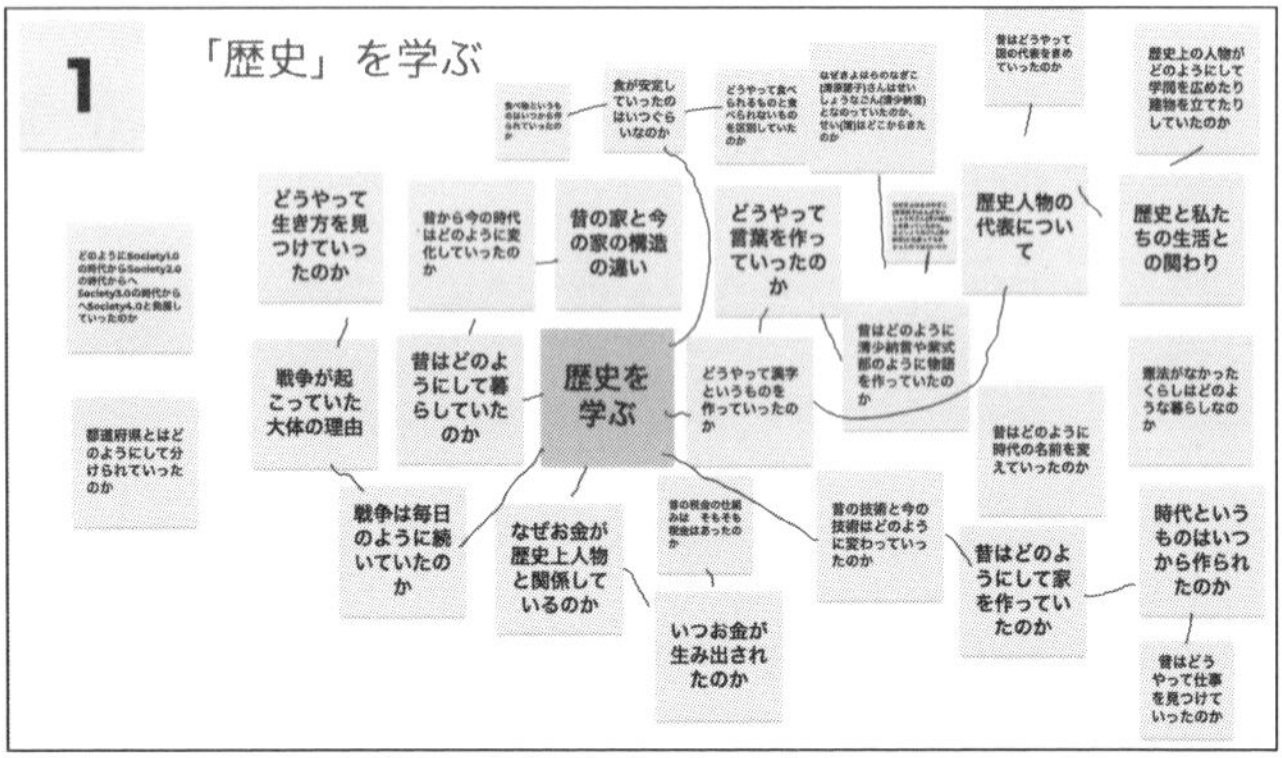

学習を進めるにつれて「問い」が変わるかもしれませんが、一旦この時点での「これから考えていきたいこと」を表出できるようにすることで、子どもたち一人ひとりが自信の学びの軸をつくっていくことができると考えました。

子どもたちと共に学ぶ

学習が進むにつれて、子どもたちは、歴史の学習を通して「考えたいこと」や「明らかにしたいこと」に対する自分の考えを深めていきました。

例えば、ある子は「昔の政治と今の政治のつながりを考えたい」と書いていましたが、学習が進むにつれて、「なぜ昔の人は税金を払っていたのか」「税金がなければどんな社会になっていたか」

歴史の学習を通してこれから考えていきたいハテナ

歴史の学習を通してこれから考えたいことは、歴史は、今につながっているけれど、私達の生活にどういう関わりがあるのかを知りたいです。私達の生活との関わりを知るためには、縄文などの時代の出来事を知ってそれが今どう生かされているのかなどを考えたり調べたいです。あと、縄文から色々安土桃山や平安などがあるけれど、その時代時代に分けている理由とかも考えていきたいです。けれど、最も気になっているのは、いつから時代が始まったのか？　どう変わってきたのかが知りたいです。いつから時代が始まったのか？　というのは、まだはっきりとはしていないし、令和までにどう日本が変わってきたのか？　そもそも日本という名前ではなかったのか？　や日本の国旗はどう決まったかとかなどどう変わってきたのかということをやると色々見えてくると思います。なので、細かいはてなをやりながらどう変わってきたのかということを踏まえながら考えていけたらなぁと思います。あと、歴史と政治の関係も考えていけたらなぁと思います。歴史をさかのぼると政治がはじまったのは、いつなのかとかもわかってくるので、そういうのもやっていければなぁと思います。

といった具体的な「問い」を持つようになりました。また、「今の自分たちの行動につなげられることを見つけたい」と書いていた子どもは、「歴史上の人物が困難をどのように乗り越えたのかを知り、自分も困難に立ち向かう勇気を得たい」と、自身の成長につなげたいという思いを深めていきました。

これらの変化は、子どもたちが歴史学習を通して、**単に知識を詰め込むだけでなく、自分自身や社会とのつながりを意識しながら、主体的に学ぶようになった**ことを示しています。

単元構想は（先述したように）教師が事前にきちんと考えた上で、各単元の学習の流れについては、子どもたちと一緒に考えられるようにしました。下記の写真のようなものを提示して、その単元の学習をどのように進めていくかを子どもたち自身が決められるようにしました。

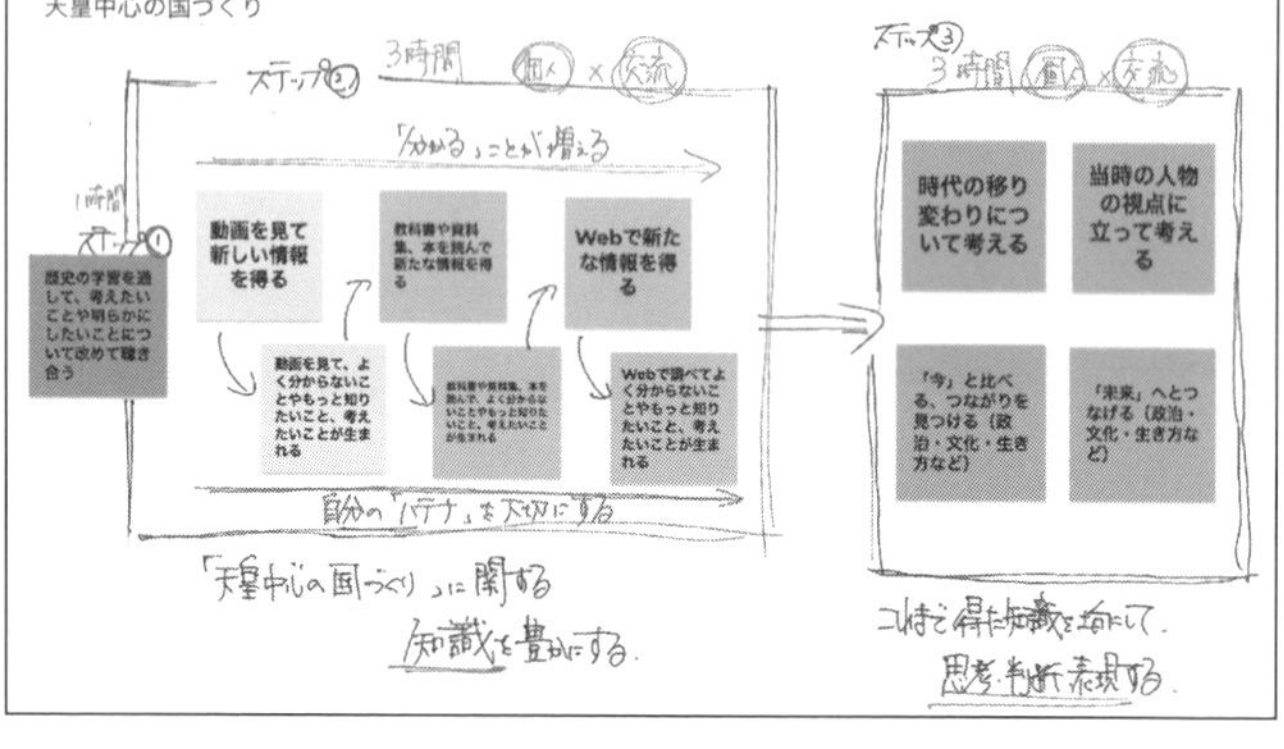

子どもたちの中で、学習のステップとして、「①知る　②わかる　③つなぐ」と表現していたのがおもしろかったです。③の「つなぐ」は「社会とつなぐ」「自分とつなぐ」という意味です。こうした時間を最後につくることで、絶えず自分や社会とつなげながら学習を進めていこうとしていました。

歴史の全単元の学習内容を紹介することはできませんが、ある子が歴史の学習の最初に書いた「歴史の学習を通してこれから考えていきたいハテナ」と、歴史の学習の最後に書いた「自分の学んだことをこれからの社会にどうつなげていくか」を紹介します。

●「歴史の学習を通してこれから考えていきたいハテナ」

一番大きく考えたいハテナ…昔と今の**考え方**の違い
調べたら答えが出るハテナ…昔と今の**衣食住**の違い

一番大きく考えたいのは、考え方の違いです。昔と今では生活環境が全然違うので、やっていることも違います。その中でそれぞれの考え方を調べたいなと思いました。私が特に考えたい立場の人は、普通の市民です（百姓？）。私と同じ立場ということもあるし、考えたら面白いんじゃないかなと思います。政治に対する気持ちや、税に対する気持ちなどがあると思うので、今の政治ともつなげて学習したいなと思いました。昔と今の衣食住では、とても変化していると思います。服も、かんとうぎ（名前がわからない）→和服→洋服というふうに変わっています。生活だって変わっていると思うし、住んでいるところもぜんぜん違うと予想するので、調べたら面白いんじゃないかなと思いました。

●「自分の学んだことをこれからの社会にどうつなげていくか」

これからの時代では、国民同士の関係が崩れていくと思います。そして、個人で競い合っていく社会になるのではないかなと思います。でも、政治がよりよくなっていくと思うから、その中でまた新たな関わりや繋がりを作っていくことも、もしかしたらありそうです。

その時に、「歴代の総理大臣はこうだった」というように、かつての様子を参考にすることができるんじゃないかなと思いました。国民が基本的に変わっていないと思うからです。例えば、大化の改新と明治維新です。2つは1000年以上はなれていますが、政策の内容などは結構似ています。そして、2つとも少なからず効果がありました。つまり、多少時代が離れていたとしても、かつての政治は活かすことができるということです。

これからの世の中で、政治にピンチが起きた時や世界中が困ってしまうような出来事が起きた時、「昔はこうだったからこうしてみよう」というように、アイデアとして試していくことは出来ると思います。その時に、大切なのは「国民中心」です。政府だけがどんどん政治を進めていった昔と、国全体が政治を進めていった今では全然状況が違います。つまり、昔のままで政治を進めていくと、問題が起きてしまいます。政府だけがどんどん進めていくだけじゃなくて、国民も一緒に進めていくような政治をしていくべきだなと思いました。世論を反映したり、選挙を実施したり…というように、国民中心であることも忘れないようにしたら、政治がとてもうまくいくんじゃないかなと思いました。

国民同士の関係も完全に縄文時代のように戻るわけではなくても、これから新しい関係を作っていけば良いのではないかなと思いました。リーダーについては、リーダーは必ず必要だと思います。それがAIなのか人間なのかすらわからないけれど、リーダーがいなければ今の政治を上手く動かしていくことは不可能だと思います。縄文時代はリーダーがいなくてもなんとかなるような時代だったのかもしれないけれど、一度リーダーを作ったらもうリーダーがいない社会に戻すことは不可能だと思います。「リーダーがやってくれる」という考えになってしまうからです。だから、リーダーは必要不可欠です。これからの時代では、リーダーに意見を出しながら、上手に政治と関わっていく事が必要になるのではないかなと思いました。

「見取り」を通したなやみ方

物語文の学習を通して、子どもたちの「問い」を育む（六年・国語）

物語文を通して、子どもたちの「問い」を育む

物語文の学習では、子どもたちが初めて読んで感じたことや考えたこと、気になったことなどを自由に表現できる場を大切にしています。子どもたちの素直な反応や疑問をもとに、物語の世界を深く探究していくことで、読解力だけでなく、思考力や表現力、そして自分自身を見つめる力も育まれていくと信じています。六年「海の命」（立松和平 作）の学習でも、そのような時間をたっぷりと設けました。

次頁に、Aさんが書いた感想文をそのまま紹介します。その中で、私が特に注目した表現の一部を挙げます。

「言葉の意味がわからないわけでもないし、意味はわかるんだけど、少し難しいなと思います。なんというか、この物語からどんなことを考えれば良いのかがまだ見えてこない感じがします。」

「その大きなクエのことを、『瀬の主』というふうに書いてあった部分があったけれど、それはどういうことなのかがあまりわかりません。」

「この物語が、結局何がいいたいのかもまだわからないので、それについても考えられたら良いなと思います。」

「題名にもある『海の命』は、一体何なのかがわからないし、太一は大魚を海の命のように思えたと書かれているので、それはどういうことなのかがわからないので、これからも考えていきたいです。」

初めて読んだ感想

言葉の意味がわからないわけでもないし、意味はわかるんだけど、少し難しいなと思います。なんというか、この物語からどんなことを考えれば良いのかがまだ見えてこない感じがします。太一のお父さんは漁師で、太一はお父さんみたいな漁師になろうとしていたけれど、お父さんが漁をしているときに死んでしまって、与吉おじいさんの弟子になり、そのおじいさんも死んでしまう。そして、太一は150キロくらいはある魚を見つけてとろうとしたけれど、結局殺さずに終わりました。その大きなクエのことを、「瀬の主」というふうに書いてあった部分があったけれど、それはどういうことなのかがあまりわかりません。あと、その大きなクエをとろうとして結局獲らなかったところで、太一が「おとう、ここにおられたのですか。また会いに来ますから。」と言っています。というか思っています。これは、魚のことをおとうだと思っているような言葉に感じられるけれど、それもちょっと違う気がします。222、223ページに、「父がそうであったように、与吉じいさも海に帰っていったのだ。」と書かれていて、太一は父が海に帰っていったと考えています。そして、大魚をとろうとする場面で「大魚はこの海の命だと思えた。」と書かれているので、海の命のなかに、与吉じいさやおとうの命もあるのかなと思います。といっても、まだ１回読んだだけなので、細かいところは理解しきれていないと思うから、これからは深く考えていこうと思います。この物語は、１回読んだだけではわからない何かがあるような気がします。わかりませんが。この物語は、太一の人生というか、生き方みたいなのが書かれていると思います。太一はその中で色々と感情みたいなのがあるし、おとうや与吉じいさに影響をあたえていたりした？こともあるのかなと思います。この物語が、結局何がいいたいのかもまだわからないので、それについても考えられたら良いなと思います。それに、大魚のことも気になるし、色々まだわかっていないこともいっぱいあるので、細かいところにも注目して、この言葉、文はどんなことが伝えたいというか、意味みたいなのがわかると良いかなと思います。あと、題名にもある「海の命」は、一体何なのかがわからないし、太一は大魚を海の命のように思えたと書かれているので、それはどういうことなのかがわからないので、これからも考えていきたいです。

Aさんの言葉からは、物語に対する率直な感想や疑問が伝わってきます。物語全体を漠然と捉えている段階であり、具体的な「問い」はまだ明確になっていないようです。しかし、だからこそ、これからAさんがどのように物語の世界に入り込み、自分なりの「問い」を見つけていくのか、その過程を見守り、丁寧に支えていこうと考えました。

子どもたちの中に「気になること」「明らかにしたいこと」があれば、学習が「自分ごと」になります。様々な教科の学習で、子どもたちの「問い」を大事にして学習を進めることで、子どもたちは少しずつ自分の「問い」を表現できるようになります。
決して「問い」をつくらせることや、「問い」が出ること自体が目的ではありません。子どもたちが自然と気になったり、「問い」を立てたりする姿を大切にします。教師は、その「問い」を拾い上げ、学びを深めるための手助けをする存在であるべきです。時には、子どもたちの「問い」に直接答えるのではなく、新たな「問い」を投げかけることで、思考を深めるきっかけをつくることも重要です。

読み深めたいテーマを自分で決める

周りの人と初めて読んだ感想を聴き合った後、これから読み深めたいテーマを子どもたち自身が決められるようにしました。**自分でテーマを選ぶことで、主体的な学びにつながる**と考えています。Aさんは次の三つのテーマを選びました。

① 作者の伝えたいことは何か
② 誰のどんな生き方が太一にどのような影響を与えたか
③ 太一の「海の命」に対する心情の変化

Aさんは、物語をじっくりと読み進めながら、自分の考えをタブレットPC上で整理していきました（次頁以降の写真を参照）。まずは、「②誰のどんな生き方が太一にどのような影響を与えたか」を中心に物語を読み深めようとしていました。

また、「③太一の『海の命』に対する心情の変化」についても読み深めようとしていました。これらのテーマはそれぞれ独立しているわけではなく、互いに関連し合っています。これら二つのテーマをつなげて、「①作者の伝えたいことは何か」についても考えようとしていました。

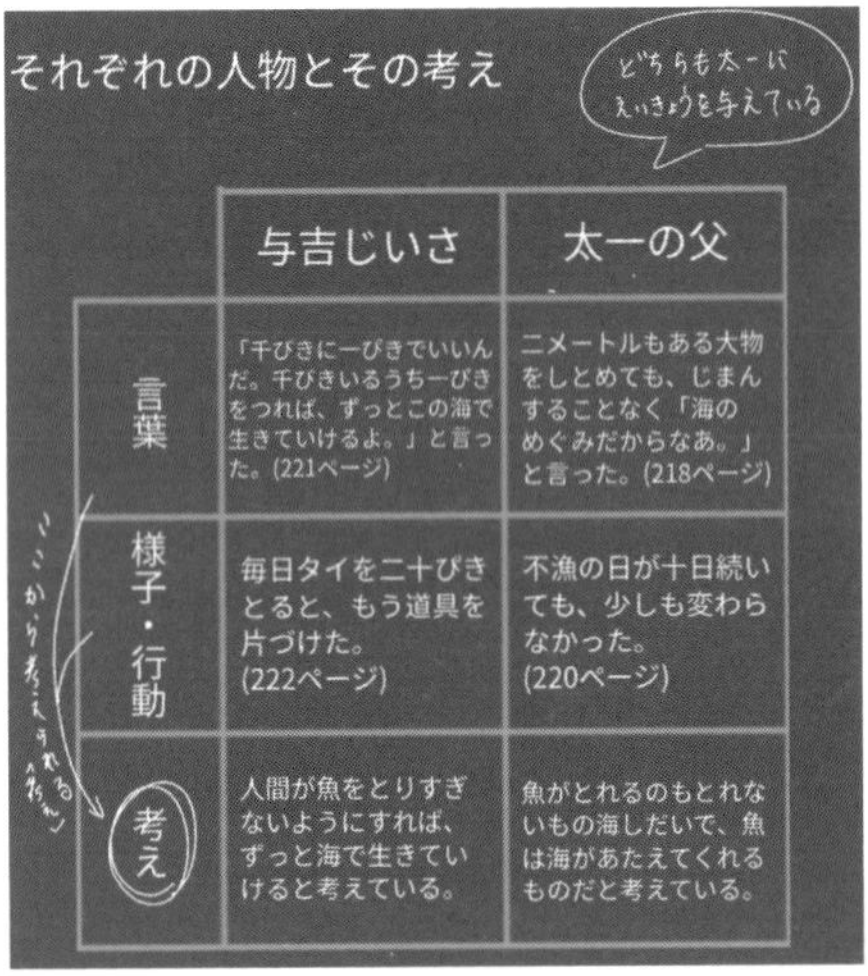

	与吉じいさ	太一の父
言葉	「千びきに一ぴきでいいんだ。千びきいるうち一ぴきをつれば、ずっとこの海で生きていけるよ。」と言った。(221ページ)	二メートルもある大物をしとめても、じまんすることなく「海のめぐみだからなあ。」と言った。(218ページ)
様子・行動	毎日タイを二十ぴきとると、もう道具を片づけた。(222ページ)	不漁の日が十日続いても、少しも変わらなかった。(220ページ)
考え	人間が魚をとりすぎないようにすれば、ずっと海で生きていけると考えている。	魚がとれるのもとれないもの海しだいで、魚は海があたえてくれるものだと考えている。

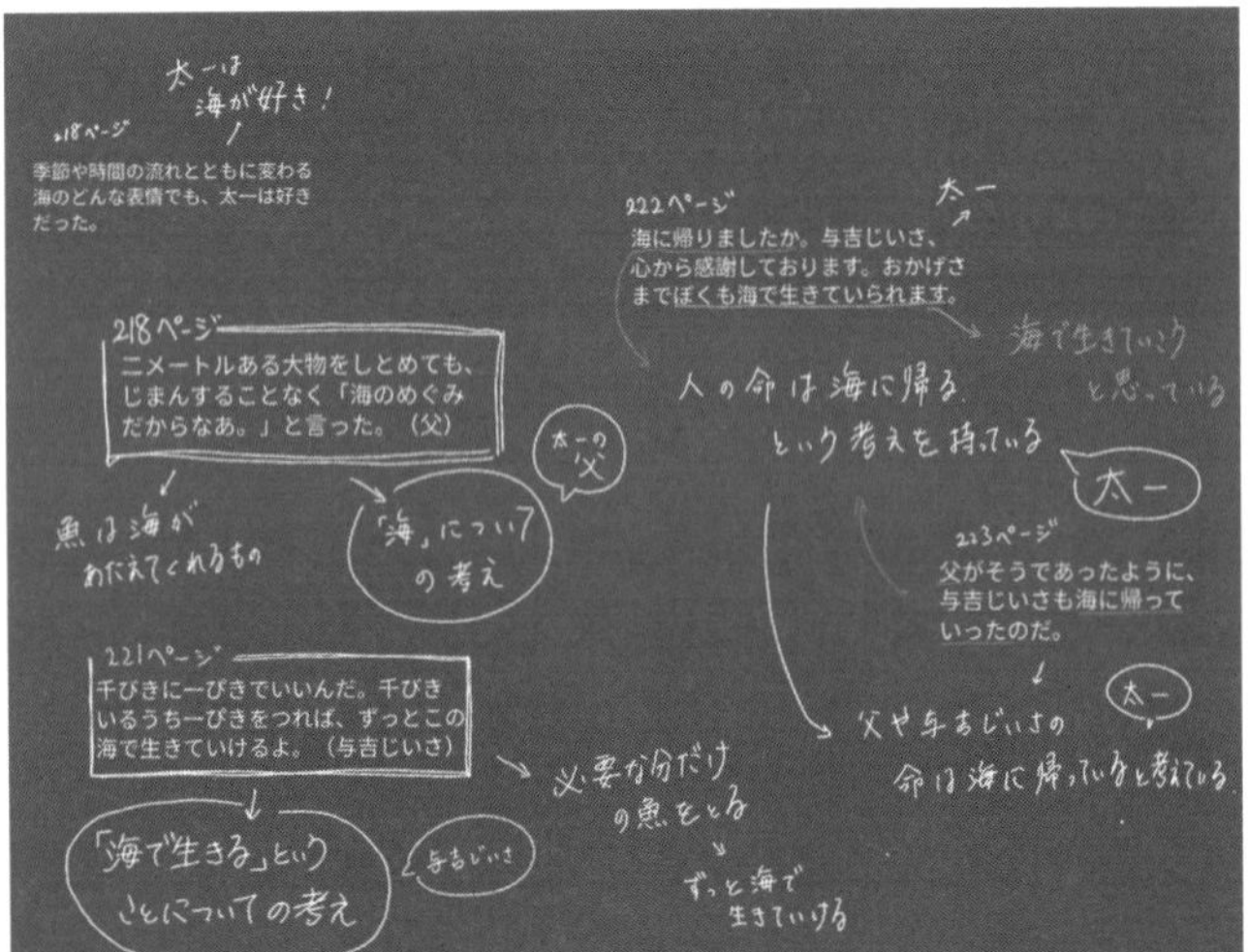

Aさんは、「海とともに生きることを選ぶ」の横に「自分で書いたけどよくわからない」と表現しています。Aさんなりに「こういうことなんじゃないか」と思いながらも、どこか自分の中でしっくりきていなかったのでしょう。グループや全体で考えを聴き合う時には、「この魚をおとうと思うことにした。」「この大魚は海の命だと思えた。」といった文章を中心に、さらに読み深めようとするのではないかと考えました。

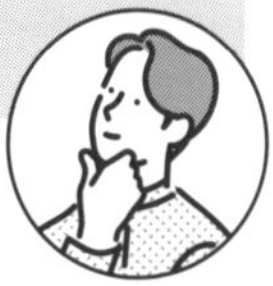

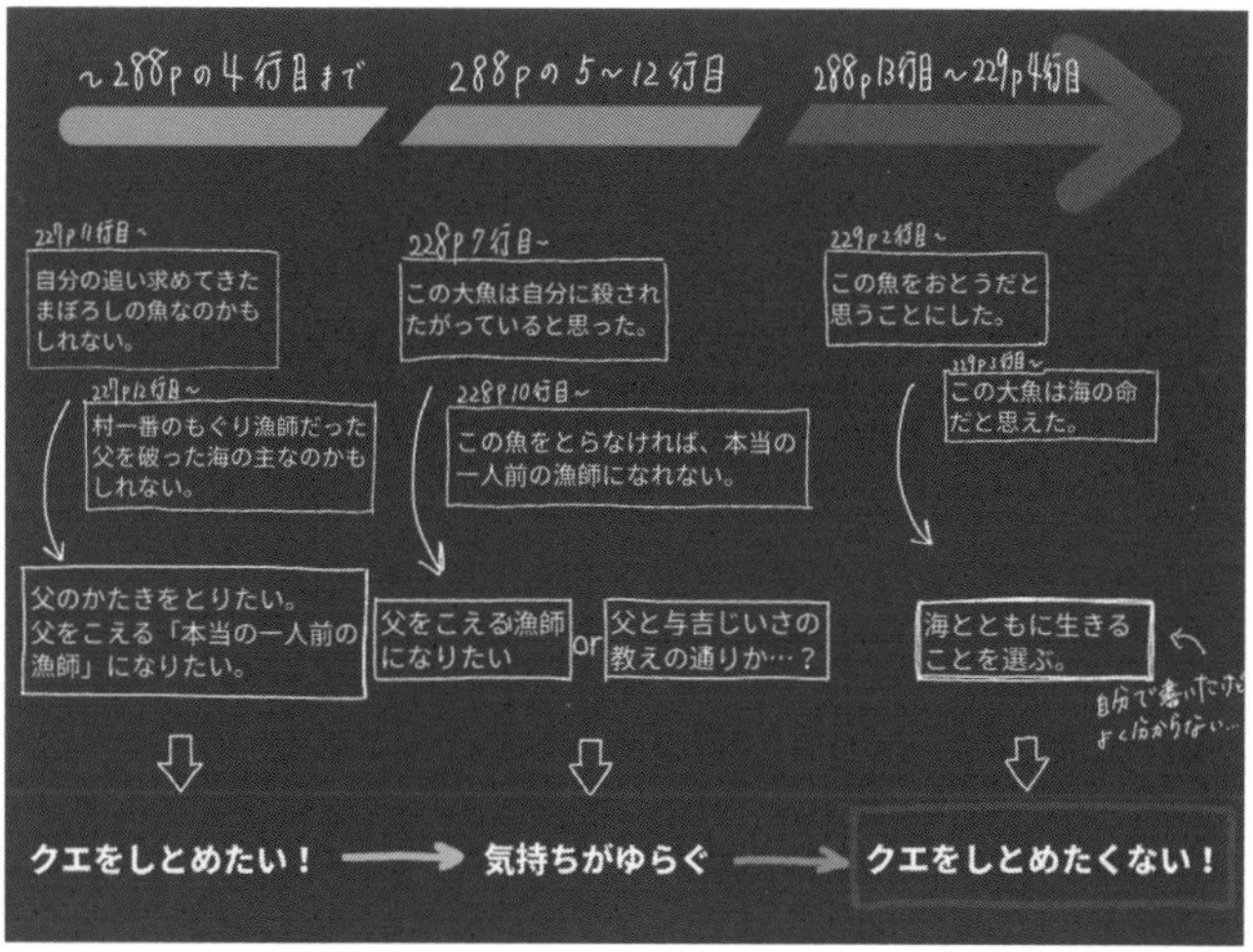

このように、**子どもたちが自分で「読み深めたいテーマ」を決められるようにする**ことで、これから学習する軸のようなものができあがります。自分で決めたテーマだからこそ、より深く探究しようとする意欲が湧くはずです。時には、物語を読み深めることには直接つながらないテーマを選ぶこともありますが、それも大事な経験です。

試行錯誤しながら、自分にとって意味のあるテーマを見つけていく過程こそが、学びの醍醐味と言えるでしょう。教師は、子どもたちが自分で「決める」「選ぶ」ことを大切にして、その過程を温かく見守り、支えていく必要があります。

子どもたちの学びを見守り、支える

Aさんを含め、子どもたちが一人で物語を読み深めようとしている時、決して私はただボーッと見ているわけではありません。**常に子どもたちの現在地を把握し、どこへ向かおうとしているのかを探っています**。子どもたちの思考の過程を注意深く見取り、必要に応じて、指導や支援を行うことが教師の重要な役割です。

Aさんは、まず「②誰のどんな生き方が太一にどのような影響を与えたか」を中心に読み深めようとしていたため、同じようなテーマで読み進めていた子と同じグループにし、互いに考えを聴き合えるようにしました。

聴き合いを終えた後、Aさんはふり返りとして、次のことを書いていました。

父や与吉じいさの考え方に太一は影響されていると思うけれど、『生き方』については、まだ考えられていません。与吉じいさもおとうも、物語の途中で死んでしまいます。おとうはクエをしとめようとして死んだから、それも『生き方』に関係してくるのかもしれません。あと、生き方と関係があるかはまだ分からないけれど、瀬の主や海の命についても、考えていけるといいと思います。

その上で、前に自分の考えを整理した表に新たな考えをつけ加えていました。父と与吉じいさの「考え」と「生き方」のつながりを見つけながら、自分の読みを再構成している姿が見受けられました。

また、学習の終盤では、「『おとう、ここにおられたのですか。また会いに来ますから』こう思うことによって、太一は瀬の主を殺さないで済んだのだ。」の一文にこだわり、自分の考えを深めていました。この文章については多くの子どもたちが関心を持っていたため、学級全体で共通して注目できるようにしました。これまで様々な「問い」をもとに「海の命」を読み深めてきた子どもたちの学びが、さらに重なり合っていく良い機会だと考えました。

実際にAさんは、この文章について、次のように自分の考えを表現していました。

「こう思うことによって、」と書かれているので、自然に、瀬の主をおとうだと思ったと言うよりも、自分に言い聞かせたというか、瀬の主はおとうなんだ、と自分に思わせたのではないかなと思います。もし、自然に瀬の主がおとうだと感じたのなら、文章に「大魚はおとうだと思えた。」と書いたりするだろうけれど、「こう思うことによって、」と書かれています。だから、感情をコントロールしたというか、自分に言い聞かせたというか、自然に「この瀬の主はおとうだ」と思ったわけではないと思います。その少し前の、泣きそうになりながら思ったりする場面では、大魚をとって一人前の漁師になりたいという気持ちと、与吉じいさなどの教えにしたがって、海の命を守っていく、みたいな気持ちがまざって、気持ちがゆらいでいると思います。そのあとに、おとうと思うことにして、魚をとらないようにしたから、自分のもともとあった「とりたい」という気持ちをおさえたような感じもします。でも、むりやりおさえたような感じもないので、後悔はしていなかっただろうし、それで海の命が守られるのであれば良い、と思っているのかなと思います。『おとう、ここにおられたのですか。また会いに来ますから。』こう思うことによって、太一は瀬の主を殺さないで済んだのだ。」この意味を逆にとれば、大魚をおとうと思わなかったら殺していたかもしれません。殺したらだめだな、というのは頭の中にはあったけど、殺したいという気持ちもあって、大魚をおとうと思うことによって、おとうだから殺せない、と自分に思わせて、結局殺さないように、自分の中でやったのかなと思います。

このAさんの考えを読みながら、私は「気持ちがゆらいでいる」「自分に思わせて」「自分の中で」といった、太一の心のゆらぎについて注目している点を、さらに広げていきたいと考えました。その上で、「むりやりおさえたような感じもないので、後悔はしていなかっただろう」という考えについても、他の人の考えを聞きながら、さらに深めていくことができると思いました。

新しいグループをつくって学び合えるようにすることも考えましたが、**これまで一緒に学んできた仲間と再び考えを聴き合えるようにすることで、これまでの学びを重ねながら議論できる**と判断しました。ただ、それだけでは視点が偏る可能性もあるため、他の子ど

もたちとも自由に話し合える時間や、学級全体で意見を共有する場もつくりました。学び合い後、Aさんは先述した「自分の考え」に、さらに次の文章を付け足していました。

太一の中には、クエを殺して一人前の漁師になりたいという思いと、与吉じいさやおとうから学んだことなどから、海の命を守るというか大切にしていく、という思いがまざって、「泣きそうになりながら」とかの場面では、クエをとろうとしていた気持ちがゆらいでいると思います。そして、頭の中では、とらない、という結論みたいなのができあがっているけど、一人前の漁師になりたいという思いがあったのかなと思います。そして、自分がクエをとらないように、その瀬の主をおとうだと思うことにして、「おとうは殺せない」と自分に思わせるようにしたのだと思います。「こう思うことによって、」とも書いてあることから、自然におとうだと感じたというより、わざとというか、自分に思わせた、みたいな書き方がしてあります。そして、瀬の主をおとうと思うことによって、太一は瀬の主を殺さずに済んだというわけです。文章にそのまま書いてありますが。でも、「太一は瀬の主を殺さずに済んだのだ。」という、殺したかったけどそれをおさえられたから良かった、みたいな書き方がしてあります。太一は今まで、大きな大きなクエを追い求めてきたのだから、とりたいという気持ちもちゃんとあったと思います。でも、その気持ちをおさえて、というか海の命を守ることを優先して、殺しませんでした。だから、「殺さずに済んだ」みたいな書き方がしてあるのではないかなと思います。

グループや全体で「殺さないで済んだ」にもより注目できる機会をつくったことで、Aさんはこの一文にもさらに注目するようになりました。他の子どもたちとの聴き合いを通じて、太一の心情や行動について多角的な視点を持つことができたのだと思います。

最後に、この授業終盤のAさんの「海の命」に対する自分の考えを紹介します。

「海の命」という言葉が出てくるのは、題名と、最後のページの「大魚はこの海の命だと思えた。」と「千びきに一ぴきしかとらないのだから、海の命は全く変わらない。」という、全部で3つです。海の命は、海の魚などの命を全部まとめてで、別に1匹の魚の命のことを言ったりしているわけではありません。でも、「大魚はこの海の命だと思えた」と書いてあるということは、大魚が大きな、たくさんある海の命の代表みたいに思ったのかなあと思います。でも、代表って何なのかなあと思います。

代表というより、太一は、自分がクエを殺さなかったことで、「海の命」を守る、ということを改めて知ったというか、これからも海の命を守っていこう、と思ったのかなと思います。そして、一番最後に出てくる「千びきに一ぴきしかとらないのだから、海の命は全く変わらない。」というところでは、海全体の命のことを言っていると思います。クエ一ぴきだけとかではなくて、「千びきに一ぴき」と書いてあるのだから、規模は大きいです。千びきに一ぴきしかとらないから、海全体の命は全く変わらないよ、ということが、この文章では言いたかったのではないかなと思います。題名も、全体のことなのかなと思います。でも、題名は、文章とかがまわりにないから、その言葉の意味を考えたりするのはちょっとむずかしいです。他の人の意見もきいて、少し考えが変わりました。「海の命」とは、海で生きている命や海のおかげで生きている命のことだと思います。だから、海にいる魚たちはこれに当てはまるから、海に生きている魚たち全部のことだと思います。「大魚はこの海の命だと思えた。」という文章があるけれど、これは、海を守ろうとか改めて思ったりしたのではなくて、太一が、大魚も海に生きているんだということを思ったのではないかなと思います。太一が、大きなクエをとって、一人前の漁師になりたいと思っていたけれど、とられる側のクエも、海に生きている、海の命です。太一は、大魚も海の命で、海に生きているんだ、ということを、自分が瀬の主を殺さなかったことで改めて知ったというか、ああ、このクエも海に生きているんだなあ、と思ったと思います。つまり、物語に出てくる（題名も含めて）３つの「海の命」は、同じ意味だと私は思います。

教師自身の「問い」を持つ

私は常に**「子どもたち一人ひとりの見方が広がったり、考えが深まったりするためにできることは何か」**という「問い」を持って試行錯誤していくことを大切にしています。教師自身が常に学び続ける姿勢を持ち、子どもたちの学びをより良いものにするために、絶えず自己研鑽を積む必要があります。

例えば、Ａさんに注目すると次のような「問い」が生まれます。

- Ａさんが注目できていない言葉や文章は何か
- Ａさんはこれからどのように読み進めようとするのか
- Ａさんに足りない視点を持っている子は誰か
- Ａさんが向かおうとしているところと似ている子は誰か
- Ａさんにとってより良いグループ編成とは

・「生き方」について考えきれていないのはAさんだけなのか
・本当にグループで考えを聴き合うだけでいいのか

こうした「問い」をたくさん持ちながら、子どもたち一人ひとりを見取ったり、指導や支援を検討したりすることで、より良い学びを支えることができるでしょう。単に「任せて終わり」ではなく、教師自身が「問い」を持って試行錯誤し続ける必要があります。

今回、Aさんの学びをすべて書き表すことはできていません。それくらい子どもたちの学びは複雑であり、簡単に整理して伝えたり理解したりすることができないものです。だからこそおもしろくもあります。一人ひとりの子どもが、それぞれのペースで、それぞれの方法で学びを深めていく過程を見守り支えることは、教師としての大きなやりがいです。

私自身、決して「教師のいらない」授業を目指しているわけではありません。絶えず子どもたちがより良く学ぶためにできることを模索し続けています。「子どもたちと共に学ぶ」ことを大切にしながら、「ここは声をかけようかな」「グループで学び合うことで、より見方が広がるのではないか」「もう少し子どもたちの学びを見守ってみよう」……と考え続けています。すべてがスッキリと解決するわけではありませんが、だからこそ、試行錯誤する過程そのものを楽しんでいます。

物語文の学習を通して、子どもたちが主体的に「問い」を立て、それを深めていくことができるようにするためには、教師は子どもたちの学びを注意深く観察し、その子や子どもたちにとって必要な指導や支援を行う必要があります。どの教科での学習にも言えることですが、ただ「見守る」だけではうまくいきません。

子どもたちの学びは一人ひとり異なり、複雑な過程を経て深まっていきます。教師は、**その複雑さを受け止め、子どもたちと共に学び続ける姿勢**を持つことが大切です。そうすることで、子どもたちは物語の世界を深く探究し、そこから得た学びを自分自身の成長へとつなげていくことができるでしょう。

「答えのない過程」のなやみ方

三学期だけの担任で指導・支援を考える

子どもたちを知ろうとすることから始める

三学期だけの担任。それは、私にとって初めての経験でした。二〇二三年度の三学期から三年生の担任代行をすることになったのです（産休代替）。四月から学級づくりや授業づくりをしていくのとは全く違う形で子どもたちと関わることに、私は大きな不安を抱えていました。

『教師のいらない授業のつくり方』では、三つのステップで整理しましたが、実際は、**「目の前の子どもたちをしっかり見る」「より良い指導や支援を模索する」の連続**です。絶えず悩み、試行錯誤することについて、この節では示したいと思います。

四月に担任を持つ場合、もちろん子どもたちの昨年度までの様子や取り組みを意識することは重要です。しかし、今回はそれ以上に、一学期、二学期の子どもたちの様子や学級の雰囲気を丁寧に汲み取ることが大切だと感じました。それぞれの学級には、それぞれの担任の先生の色があり、子どもたちはその中で成長しています。どちらが良い悪いではなく、私にはできないこと、やらないことがある。そのことをしっかりと受け止め、子どもたちにとって最善の道を模索しました。

一学期、二学期と、子どもたちは前任の先生との絆の中で、様々な経験を積み重ねてきました。そこに、私が急に「新しい何か」を持ち込んでも、うまくいくはずがありません。ですから、私は子どもたちが築き上げてきたものを尊重し、それを土台に、より良い三学期を迎えられるようにしたいと考えました。

「三学期の三ヶ月」という限られた時間の中で、一年間かけて行うような学級づくりや、長期的な視点に立った成長支援は難しいです。そこで、私は「四年生へつなぐ」を意識し、「この三ヶ月間でできること」に焦点を当てることにしました。

まずは、**情報収集**です。タブレット端末に残された子どもたちの学習歴、生活の様子、そして前任の先生とのやり取り……。一つひとつ丁寧に確認することで、子どもたちの「今」を理解しようと努めました。子どもたちの「今」は、これまでの積み重ねの上に成り立っています。だからこそ、その過程をきちんと追いかけ、三学期をどのように過ごしていくのか、どんな授業を展開していくのか、そして、どんな力を育んでいくのかを真剣に考えました。学習履歴を見ながら、子どもたち一人ひとりの

・興味や関心
・学習過程
・各教科における学びの違い
・ふり返る力

……などを「知ろう」としました。子どもたちのこれ

までの学びや生活に、より自然に入り込みながら成長を支えられるようにしたいと考えたのです。もちろん、それらだけではすべてがわかるわけではありませんが、少しでも子どもたちのことを「知りたい」と思い、できるだけの準備をしようとしました。

続けられないことはしない

前任の先生が行っていた実践の一つとして、「ビー玉貯金」がありました。子どもたちの頑張りを可視化できるようにするもので、ビー玉貯金が貯まると、みんな楽しめる時間をつくったり、宿題をなくしたり……と、ご褒美がもらえるようです。

この「ビー玉貯金」には様々な実践例があり、子どもたちにとって価値のあるものになる可能性も秘めています。しかし、私にはそれを継続していくイメージが湧きませんでした。そこで、**二学期末に「ビー玉貯金」を一旦終了してもらい、三学期始めに、この「ビー玉貯金」についてどうするかを子どもたちと一緒に考える**ことにしました。

もちろん、いきなり「ビー玉貯金はしません」と一方的に伝えることはしません。子どもたちにとっては、前任の先生と積み重ねてきた大切な思い出であり、それを否定されたように感じてしまうかもしれません。そこで、私は次のような流れで子どもたちと話し合うことにしました。

①「ビー玉貯金」をして、どんなことがよかったか？　うまくいかなかったことも含めて、率直な意見を聞く。
②「ビー玉貯金」の目的をみんなで改めて確認する。
③「ビー玉貯金」からの卒業を提案する。
④もともとの目的を達成するために、「ビー玉貯金」以外の方法で、どんなチャレンジができるかを一緒に考える。

子どもたち自身で考え、行動できるようになること。それが、私の願いでした。「ビー玉貯金」という形にこだわることなく、自分たちにとって本当に大切なことは何か、どうすればそれを実現できるのかを、子どもたち自身で見つけてほしかったのです。

結果的に、子どもたちは「ビー玉貯金」（可視化・ご褒美）がなくても、自分たちの毎日をより良くするためにできることを少しずつ増やしていくことができました。「前担任がやっていたから」「何か良さそうだから」「子どもが好きだから」だけで取り組もうとするとうまくいきません。私の中で「続けられない」と思ったからこそ、うまく子どもたちの中で昇華して「四年生へとつなぐ」過程を一緒に歩むことができました。

授業づくりを考える

①授業づくりの基本

まずは三学期に行う授業内容を一覧表にまとめました。全体像を把握することで、二学期までの学習を踏まえ、三学期をどのように過ごしていくのか、どんな学びを展開していくのかを明確にデザインすることができます。

子どもたちが「おもしろい」「もっと考えたい」と感じられる授業が、私の目指す授業づくりの基本です。目の前の子どもたちが、学ぶことをおもしろく感じられる授業にしたいと思いました。その中で、「とにかくおもしろい」「ワクワクする」をキーワードに、学ぶことの楽しさを改めて実感できるような授業を展開しようと心に決めました。

②気になることを大切にしながら

学習を進める上での「問い」は、子どもたちと一緒に考えることにしました。これまでも「自分の『問い』をつくる」ことに取り組んできた子どもたち。改めて、子どもたちの考えを聞いてみることにしました。

ただし、三学期という限られた時間の中で、子どもたちだけで「問い」をつくり、学びを進めていくことは難しいでしょう。そこで、私は**子どもたちの「今の姿」**に着目しました。気になることを表現できる子、興味を持ったことを深く探究しようとする子……。全員が同じレベルではありませんが、それぞれが持っている力を認め、それを出発点に、次のステップへとつなげていこうと考えました。

例えば、算数の「分数」の学習では、まずパターンブロックを使って分数の概念を理解できるようにして、そこから子どもたち自身が気づいたことや疑問に思ったことなどを自由に表現できるようにしました。

「あれ？　これってどういうことだろう？」
「なんでこうなるんだろう？」

……と、子どもたちは、ブロックを操作しながら、様々な「問い」を口にしました。もちろん、そこから子どもたち自身で「問い」を整理し、学習課題として明確化していくのは簡単ではありません。そこで、私は子どもたちの「問い」を丁寧に拾い上げ、単元目標と照らし合わせながら、次の六つの問いを設定しました。

・いろんな分数をブロックで表すとどうなる？
・他のブロックも使って分数はできないの？
・1より大きい分数はどのように表す？
・かんたんに分数を見つける方法は？
・分数と小数の関係は？
・分数のたし算やひき算はどうやってできるだろう？

子どもたちは、これらの「問い」を解決するために、ブロックを使ったり、計算をしたりしながら、試行錯誤を繰り返しました。教科書通りに進めることもできますが、子どもたち自身が試行錯誤しながら、分数の概念を理解していく過程を大切にしたいと思いました。

もちろん、教師として指導すべき点はしっかりと指導しました。分数から小数に直す際に間違ったまま進めている子には、個別に声をかけ、全体で考えなければならないほど多くの子が間違えている場合は、みんなで一緒に考え直す時間をつくりました。

こうした学習を通して、子どもたちは
「自分が気になることをもとに学習を進めるっておもしろい！」

「『おもしろい』だけじゃなくて、そこから自分の学びが深まっていくんだ！」

ということを実感していきました。

※子どもの表記はそのまま

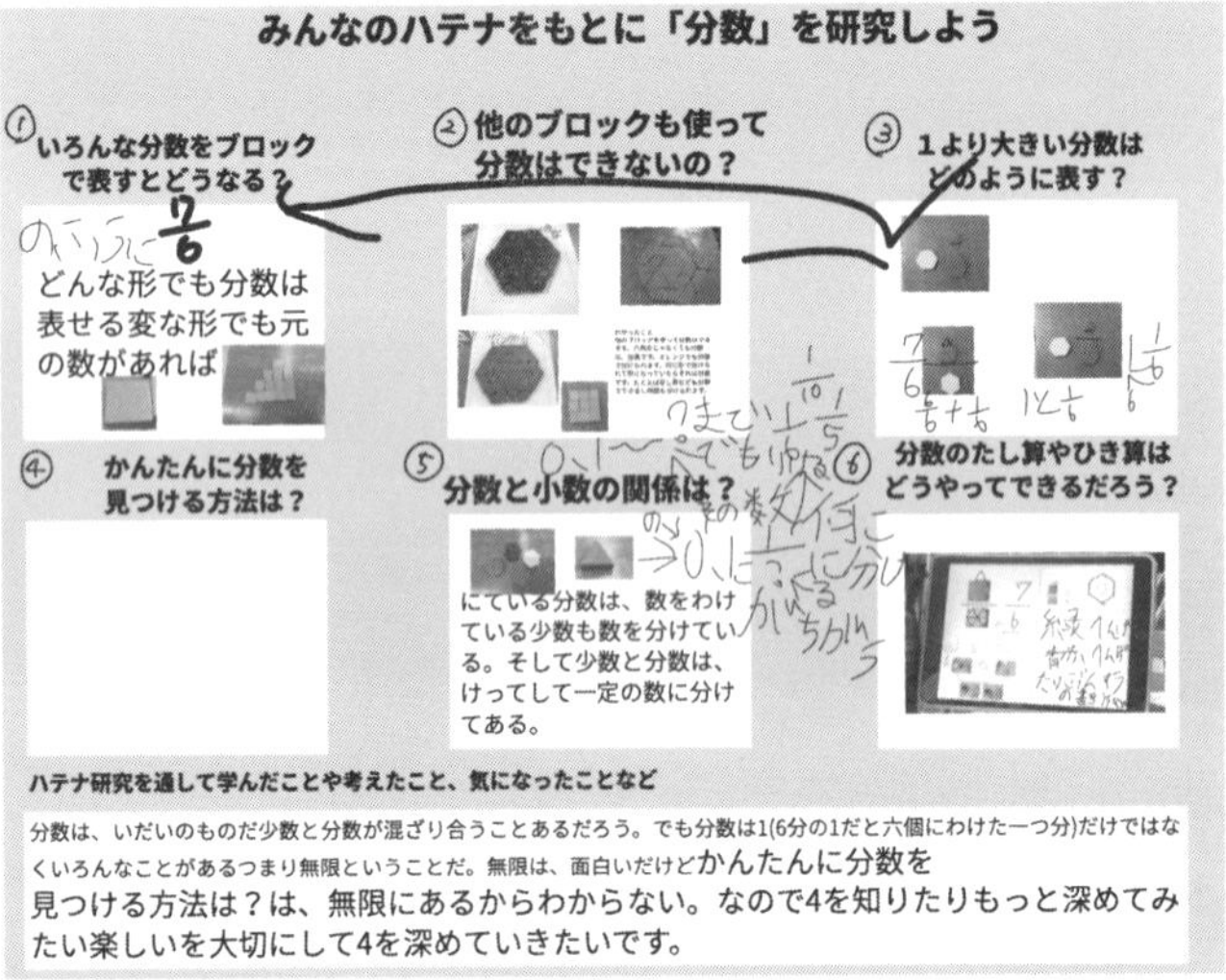

単に「楽しく学んで終わり」ではなく、それが自分の理解につながっていることを、計算やテストを通して確認することで、子どもたちは「これからも自分の気になることや考えたいことをもとに学習を進めていこう」という意欲を高めていきました。

③使っている言葉と深く向き合う

また、国語（物語文）の学習では、これまでの学習をふり返りながら、「物語文を読み深めるってどういうことだろうね？」という問いかけをもとに、子どもたちと一緒に「読み深める」ことについて考えました。なぜなら、子どもたちに「物語文を学習するってどういうこと？」と問いかけた時に、「物語はみんなで話し合って**読み深める**」という言葉が出てきたからです。「読み深める」という言葉は、これからの学年の授業でも頻繁に登場するでしょう。だからこそ、この言葉の意味をみんなで共有し、意識することで、より深い学びへとつなげたいと考えました。一人で読む時も、話し合う時も、ふり返る時も、常にこの「読み深める」をもとに考えるようになるでしょう。

例えば、「読み深める話し合いをするためには、どんなふうに話せばいいかな？」と子どもたちに問いかけながら学習を進めていくことにしました。すると子どもたちは、

「相手の話をよく聞く」
「自分の意見を伝えるだけでなく、相手の意見も聞く」
「根拠を明確に話す」

など、より良い話し合いをするためのポイントを見つけていきました。

もちろん、意識したからといって、すぐにできるようになるわけではありません。しかし、こうしたことを考えることで、少しずつでも自分たちの学び合いをより良いものにしていこうという意識が芽生えるはずです。実際、「読み深める」ことを意識した子どもたちの話し合いは盛り上がりました。子どもたちが楽しんでいる様子を見て、私も一緒に学ぶことを楽しませてもらいました。

また、子どもたちが疑問に思ったこと、考えたいと思ったことを、みんなで共有し、楽しんでいくことも大切にしました。子どもたちが「問い」をもとに学ぶことのおもしろさ

を実感すれば、四年生になった時にも、自分の「問い」を大切にしながら、学ぶ楽しさを忘れずに学習に取り組むだろうと信じています。

ここでも、「読み深める」とつなげながら考えられるようにしました。教師が「問い」の質を求めるのではなく、子どもたち自身が、自分の考える「読み深める」と「問い」の関係について注目できるようにしました。「読み深める」について考えられることが増えれば増えるほど、「問い」の質にも目を向けるようになるでしょう。

ふり返り

気になったことは、豆太の感情の仕組みについてです。何によってこうなるか、どれぐらい重大な事があれば変わるかについてです。今日の学習で、考えたことは、豆太が臆病から、変わったか、変わっていないかについてです。自分の考えでは、変わっていないと思います。なぜかというと、臆病だから助けたと思ったからです。たとえ勇敢でも、じさまがいないといけないぐらいじゃなければ、泣きながらお医者を呼びに行くことは、ないと思います。臆病が、助けに行くというバネになり、泣きながらお医者を呼びに行ったと思いました。あともう一つ、決定的にはならないけれど理由があります。それは、おじいちゃんを助けた後もせっちんには、ついて来てもらっているということです。だけれど一時的に変わっている可能性もあるのではっきりといえないぐらいでした。

④ふり返りにも注目する

子どもたちの成長を支えるために、「ふり返り」にも力を入れることにしました。まずは、「これまでにも書いてきたことがある『ふり返り』って何のためにするんだろうね？」と問いかけて、ふり返りの目的について子どもたちと一緒に考えるようにしました。

全員が完璧なふり返りを書けるわけではありません。そもそもふり返りとはそういうものではないでしょう。正直、ふり返りを書くことに前向きになれない子、意味を感じていない子もいました。そこで、私は個別に声かけをしたり、ふり返りの視点を具体的に示したり、目標設定を促したりと、様々な工夫を凝らしながら、子どもたちが少しずつでもふり返りの習慣を身につけられるように支えました。

単に文章量を増やすことが目的ではありません。子どもたち自身が学びとふり返りを結びつけ、自分の成長を実感できるようになることが大切です。最初は一行や二行しか書けなかった子も、

「何が気になったの？」

「もっと知りたいことは何？」

「今の自分はどんな風に考えているの？」

……などと問いかけることで、少しずつ自分と向き合い、自問自答できるようになっていきました。

もちろん、私一人ですべての子どもたちに声をかけることは不可能です。そこで、「これはお互いに見せ合い、意見交換できるふり返り」と感じた内容については、１６３頁に書いたように子どもたち同士でお互いの書いていることに質問し合えるような場をつくりました。すると、

「どこがおもしろかったの？」
「気になったことについて、なにか予想はしているの？」
「考えがおもしろかった人の名前はわかるけど、内容は？」

……など、いろんな質問が出ていました。自分の中では「ふり返りを書けているつもり」だからこそ、こうしてお互いに聞き合うことで、もっと深く考えられることについて目を

向けられるようになりました。

子どもたちは、「ふり返りが大事」「くわしくかける方がいい」という言葉は知っています。ただ、そのことについて、きちんと実感できるためには、自分たちで見つけたり考えたりする時間が必要になります。そんな時間をきちんとつくることで、じわじわと自分のふり返りに注目することができるのではないかと考えました。

こうして考えるようになったことは、少しずつその子の中で変化をもたらします。ふり返ることができる人になれば、四年生になってもさらに自分で自分の学びをつくっていくことができるでしょう。だからこそ、この短い「三学期」という期間でも、大事にしていきたいと思いました。

少しずつ子どもたちのことがわかるように

「こうすればうまくいく」というものがあれば、どれだけ簡単だろうと思います。今回も、もしそのような方法があれば、それを使って軽やかに担任代行をしていたでしょう。ただ、実際にはそんなものはないからこそ、絶えず悩みながら毎日を過ごしていました。

基本は、やはり**「目の前の子どもたちを見る」「子どもたちのことを知ろうとする」**です。きちんと子どもたち一人ひとりのことを見ながら、「○○をしてみよう」「△△をすれば、より次につながるかも」と、子どもたちにとってより良い指導や支援を常に考えていました。

これまで「一年間」という期間で子どもたちの成長を支えるために大事にしてきたことを、そのまま当てはめようとしてもうまくいかないことはわかっていました。だからこそ、この期間で、この子どもたちにできることを絶えず探るように努めました。探る過程、悩む過程で、子どもたちから多くのことを学ばせてもらいました。

おわりに

本書を通して皆さんが感じた「問い」を、ぜひそのまま大切に抱き続けていただきたいと思います。

「悩みが解決した」
「すっきりした」

という感想以上に、新たな疑問や迷いが浮かんだのではないでしょうか。明確な答えを求めていた方には申し訳ありませんが、教育の場において本当に大切なのは、一つの「答え」にたどり着くことではありません。子どもたちとの日々のやり取りや、自分自身の内面から少しずつ生まれ、深まっていくものだと私は信じています。

教育における「悩み」は、教師としての成長の鍵です。悩むことで私たちは子どもたちの姿に深く目を向け、子どもたちの心や学びの本質に少しずつ近づいていくことができるのです。その過程で得られる発見は、決して苦しみだけではなく、「学びの喜び」にもつながるものです。そんな過程を大切にしていける教師でありたいと願っています。

本書の刊行に際して、明治図書出版株式会社および編集担当の大江文武さん・校正担当の奥野仁美さんには、本書の方向性や文章の書き方など、多くのご助言をいただきました。本当に感謝の気持ちでいっぱいです。

また、この本を執筆する中で、職場や研究会の仲間、家族の支えがあったことにも改めて感謝しています。仲間との議論や家族との触れ合いが、私自身の学びの土台となり、成長の大きなきっかけでした。子どもたちが何を感じ、どのように学んでいくのかを問い続けることの大切さは、どれだけ年齢、経験を重ねても変わらないものです。それを皆さんと共に感じ、考え続けていけたらと思います。

最後に、本書を手に取ってくださった先生方と一緒に、これからも教育という「問い」を深め続けられることを心から嬉しく思います。どうかこれからも一緒に、子どもたちの成長の姿を見つめ、その可能性を引き出すために問い続けていきましょう。

２０２５年１月

若松　俊介

参考文献

今井鑑三『子どもが生きているか』今井鑑三遺稿集編集委員会、1997年
大豆生田啓友監修／おおえだけいこ著『日本の保育アップデート！子どもが中心の「共主体」の保育へ』小学館、2023年
小山義徳・満田泰司編著『「問う力」を育てる理論と実践―問い・質問・発問の活用の仕方を探る―』ひつじ書房、2021年
片山紀子編著／若松俊介著『「深い学び」を支える学級はコーチングでつくる』ミネルヴァ書房、2017年
片山紀子・若松俊介『対話を生み出す　授業ファシリテート入門』ジダイ社、2019年
片山紀子編著『ファシリテートのうまい先生が実は必ずやっている「問いかけ」の習慣』明治図書、2024年
木下竹次著／中野光編『学習原論』明治図書、1972年
佐渡島庸平『観察力の鍛え方　一流のクリエイターは世界をどう見ているのか』SBクリエイティブ、2021年

重松鷹泰序／京都教育大学附属桃山小学校『個の自立と学習集団―「ひとり」の追究を見つめて―』明治図書、１９８３年
『社会科教育』編集部編『教材研究×社会　実例でゼロからわかる超実践ガイド　小学校・中学校』明治図書、２０２３年
田村学『深い学び』東洋館出版社、２０１８年
平野朝久『はじめに子どもありき　教育実践の基本』学芸図書、１９９４年
宮野公樹『問いの立て方』筑摩書房、２０２１年
若松俊介『教師のいらない授業のつくり方』明治図書、２０２０年
若松俊介『教師のいらない学級のつくり方』明治図書、２０２１年
若松俊介『子どもが育つ学級をつくる「仕掛け」の技術』学陽書房、２０２１年
若松俊介『教師のための「支え方」の技術』明治図書、２０２２年
若松俊介『教師の?思考』明治図書、２０２３年
若松俊介・宗實直樹『子どもの見方が変わる！「見取り」の技術』学陽書房、２０２３年
リンダ・S・レヴィスティック、キース・C・バートン／松澤剛・武内流加・吉田新一郎訳『歴史をする―生徒をいかす教え方・学び方とその評価』新評論、２０２１年
『教育科学国語教育』８８６号（特集「どうつくる?教師のいらない国語授業」）明治図書、２０２３年

【著者紹介】
若松　俊介（わかまつ　しゅんすけ）
京都教育大学大学院連合教職実践研究科修了，教職修士（専門職）。現在，京都教育大学附属桃山小学校主幹教諭。「国語教師竹の会」運営委員。「授業力＆学級づくり研究会」会員。「子どもが生きる」をテーマに研究・実践を積み重ねている。著書に『教師のいらない授業のつくり方』（明治図書・単著），『教師のいらない学級のつくり方』（明治図書・単著），『教師のための「支え方」の技術』（明治図書・単著）等がある。
お問い合わせ：shu60515@gmail.com

教師のいらない授業のなやみ方

2025年3月初版第1刷刊 ©著　者　若　松　俊　介
発行者　藤　原　光　政
発行所　明治図書出版株式会社
http://www.meijitosho.co.jp
（企画）大江文武（校正）奥野仁美
〒114-0023　東京都北区滝野川7-46-1
振替00160-5-151318　電話03(5907)6701
ご注文窓口　電話03(5907)6668

＊検印省略　組版所　株式会社カシヨ

Printed in Japan　ISBN978-4-18-409541-0